外国人によくたずね

ぜんぶ中学英語で答えられる!

デイビッド・セイン
廣岡アテナ

**やり直し英語で
とっさの回答力をグングンきたえる
600フレーズ**

主婦の友社

は じ め に

外国人の旅行先として、日本の人気はますます高まっています。
海外からの観光客を毎日のように目にする、という人も多いことでしょう。

そんなふうに、日常風景の一部になっている外国人ですが、もしいきなり
英語で質問されたら、あなたはとっさに答えられますか？
**質問といっても、そんなに複雑なことを聞かれるはずもなく、昔も今も聞か
れやすいのは道や交通、観光やショッピングについてなどでしょう。あとは、
観光地で居合わせたり、交通機関で乗り合わせたりしたフレンドリーな外
国人から、日本のことやあなたのことを聞かれるケースも考えられます。**
インターネットや SNS での情報がこんなにあふれていても、現地の人に
直接聞くほうが確実と考える観光客や、旅先でちょっとした交流を楽しみた
いという好奇心旺盛な外国人も少なくはありません。

そんなとき、「ちゃんと」答えようと思えば思うほど、英語が出てこないということがよくあります。でも、むずかしく考える必要はありません。

相手の質問の多くはシンプルなものでしょうし、それに対する答えも中学英語で十分ということがほとんどです。

本書では、外国人観光客からよく聞かれる質問とそれに対する回答例を、中学英語レベルのフレーズにまとめました。久しぶりに英語に触れるという人も、中学英語を思い出しながら楽しんで学べる内容になっています。

旅先で親切にされたことは、一生の思い出になる場合もあります。
あなたの答え方や対応しだいで、相手の日本への印象が変わるかもしれません。
本書も参考に、日本ファンの外国人をさらに増やしていきましょう!

デイビッド・セイン
廣岡アテナ

※本書での「中学英語」は文法の範囲を示しています。
　SNS用語や日本文化説明などの一部の単語は、中学英語外のものがあります。
※ニュアンスがわかりやすいよう、直訳ではなく、意訳されているフレーズもあります。

CONTENTS

1章 **伝わりやすい 道・交通案内** …… 19

マンガ ポイントを押さえてシンプルに伝えよう …… 20

2章 観光や買い物について答える …… 41

マンガ むずかしく考えずに簡単な表現で …… 42

3章 好感度アップの自己紹介 ······ 63

4章 日本の**伝統文化**について聞かれたら …… 87

マンガ 「知りません」もやんわり言えるとベター …… 88

5章 日本の**食事**について説明しよう ····· 119

6章 日本や日本人をもっと知ってもらう ⋯⋯ 145

外国人とのコミュニケーションで覚えておきたい**3**つのこと

①話しかけられたら逃げないで

困っちゃうな～

完璧な英語じゃなくてもOK

インバウンドの増加で、観光地で外国人を見かけることは珍しくなくなりました。ただ、実際に話しかけられると、「英語を完璧に話さなくては!」「失礼なことを言ったらどうしよう」と消極的になってしまうあまり、逃げたり避けたりする人も見られますが、**そんな完璧な英語は観光客も求めていません**。身振り手振りでもいいので、最低限のことを教えてもらいたいだけなのです。

やりとりは中学英語で十分

話しかけられたときはまずは落ち着いて、相手の言うことを聞きましょう。観光客がそんなにむずかしいことを聞くはずもないので、聞き取りも回答も中学英語で十分だと思われます。相手も英語ネイティブではない可能性があるので、こちらからもなるべく簡単な英語で返すと伝わりやすいでしょう。ジェスチャーでも伝わることがありますが、**海外と日本でジェスチャーの意味が異なる場合があるので注意**を。たとえば、No, no. と顔の前で手を振るジェスチャーは「臭い」のようにも捉えられたり、「おいで」と招くジェスチャーは国によっては「しっしっ」と追い払う意味になったりします。

 まずはこれだけ! 中学英語でコミュニケーション

＊聞きとれなかったとき
Sorry, I didn't catch that.（すみません、聞きとれませんでした）
Could you please repeat that?（もう一度言っていただけますか?）
Please speak slowly.（ゆっくり話してください）

＊話し終えて別れ際に（P.190〜191も参照）
Have a good day!（よい1日を!）
See you around!（じゃあね!）
Take care!（気をつけて!）

フレンドリーと
押しつけ交流を
区別しましょう

② コミュニケーションを押しつけない

いきなりですか？

握手も質問もいきなりはNG

外国人観光客とのコミュニケーションは、英会話を実践できる貴重な機会ではあるのですが、**いきなり握手を求めたり、質問責めにしたりする「勘違いフレンドリー」には要注意**。親しみを込めた行為のつもりが、何か意図があるのではないかと警戒される可能性もあります。自分が海外旅行のときにされたらびっくりするだろうと思えることは、控えたほうがいいでしょう。握手は相手が手を差し出してきてからが無難です。また、最初から個人情報を尋ねるのは控え、相手のことを聞く場合はあたりさわりのない内容から始めたほうがいいでしょう（P.60 〜 62 も参照）。

相手を警戒させない質問を

会話をしたい場合は、まずはこちらから名乗る程度の自己紹介を。そうすれば相手も、教えていいと思える範囲で自分のことを話してくれるはずです。Where are you staying?（どこに泊まっているのですか?）や Are you alone?（おひとりですか?）などの質問も、警戒されることがあります。この場合は、Are you comfortable staying at the hotel?（ホテルは快適ですか?）や Are you traveling with your family?（ご家族と旅行ですか?）などと言い換えるとベターです。

 まずはこれだけ！ 中学英語でコミュニケーション

＊観光客への質問例（P.60〜62も参照）

Are you on vacation?（休暇中ですか?）
Where have you been so far?（これまでどこへ行きましたか?）
Did you enjoy it?（楽しめましたか?）

＊「〜へ行きました」への回答例

That's nice!（いいですね！）
It's a great place, isn't it?（いいところですよね）
I've never been there.（そこには行ったことがありません）

質問したとき
笑顔が返ってくると
安心できます

③ やっぱり笑顔がいちばんのおもてなし

笑顔であいさつ

質問されたら笑顔で返す

質問されたときは、まずは笑顔で！ 旅先で人を呼び止めるということは、相手は道に迷っているなど何か困った状況にいる可能性が高いでしょう。笑顔で対応することで、相手に安心感を与えることができます。不安なときに慣れない土地で親切にしてもらった経験は一生の思い出になるかもしれませんし、その国への印象がぐっと上がることにも結びつきます。

話しかけられたときのひと言

相手が声をかけてくるときのひと言は、おそらくExcuse me.（すみません）や Hi.（こんにちは）などが多いと思われます。それへの返しとしては、たとえば Sure, what can I do for you?（ええ、どうされましたか?）や Hello, what can I help you with?（こんにちは、何かお困りですか?）などと答えられると好感度アップ。すぐにこういったフレーズが出てこなければ、笑顔で Sure. や Hello. と言うだけでも、相手の緊張はほぐれるでしょう。

とっさに答えが出ないときは、長時間だまっていると相手が不安になるので、たとえば以下のようなつなぎ言葉で時間を稼ぎながら言葉を探したり、それでも答えが出てこないときは翻訳アプリに頼ったりしてもいいですね。

 まずはこれだけ！中学英語でコミュニケーション

＊とっさに言葉が出ないときのつなぎ表現

Let me see.（そうですね）

That's a good question.（いい質問ですね）

I need a moment to think.（ちょっと考えてみますね）

How can I say?（なんて言ったらいいかな）

Well...（ええと…）

I see.（なるほど）

本書の見方

質問

外国人観光客からよく聞かれる質問が
92問掲載されています。

回答例

さらに話す場合、「もっと話すなら…」の
フレーズ例も参考に。

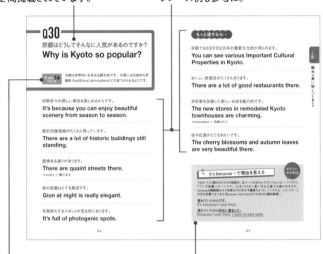

音声トラック番号

音声は2ページで1トラック。
各フレーズは日本語→英語の順です。

コラム

見開き内に出てくる中学英語についての解説。
語彙を広げる単語コラムも。

音声の聞き方

本編フレーズの音声は
以下の2パターンの方法で聞くことができます。

方法①音声データのダウンロード

音声データは左のQRコード、または下記のURLよりダウンロードできます。
https://shufunotomo.co.jp/limited_release/english_download/

＊パソコン、スマホ、タブレットの機種や設定、容量などによっては、ご利用できな
い可能性があります。設定などの詳細については、お使いの製品のメーカーや携帯
電話会社のサイト、ショップなどでご確認ください。

＊音声はmp3形式で保存されています。お聞きになるためにはmp3ファイルが再生できる環境が必要
です。音声フォルダは圧縮されているので、解凍してお使いください。必要な場合は、mp3再生用ア
プリや解凍アプリをインストールしてください。

方法② YouTube音声動画にアクセス

ダウンロードせず、章ごとの音声をYouTubeで聞くこともできます。各章の扉ページに入っ
ているQRコードかURLからアクセスしてください。

＊いずれの音声サービスも予告なく終了することがあります。あらかじめご了承ください。

1章

伝わりやすい
道・交通案内

地図アプリが普及しても、
観光客に聞かれやすい質問のトップは道や交通について。
定番表現も押さえて、
シンプルに答えられるといいですね。

[YouTubeでも音声が聞ける]
・この章の音声がまとまった音声動画です。
・QRコードが読みとれない場合は下記URLへ。
https://youtu.be/3BdGhzWEWHI
※音声についてはP.18参照。

ポイントを押さえて シンプルに伝えよう

そんなにまわりくどく言わないで!

シンプルな短文が伝わりやすい

親切に正確に教えてあげようとするあまり、英語が複雑になって頭の中で
ぐるぐるしてしまう……「日本人英会話あるある」ですね。**ゆっくり・短く・
はっきりと、なるべくシンプルな言い方を心がけましょう。**英語は間違っ
ていないのに、早口でぼそぼそ言うと伝わらないことがあります。1フレ
ーズずつに分けて、いくつかを並べて伝えるかたちでもぜんぜん問題ナシ！
ここでも中学英語が活躍しますね。

道案内は命令形でOK

Go straight. だと、「まっすぐ行け」っていう命令形でえらそうかな?と思
うかもしれませんが、道案内では「〜してください」というニュアンスにな
るので心配いりません。**Turn right.（右へ曲がってください）、Cross
the street.（その道を渡ってください）**などは道案内の定番表現です。
また最近ではスマホアプリで場所を尋ねてくる人も多いので、**Can I see
that?（見てもいいですか?）**と断って画面を見せてもらい、相手の目的
地を確認するとラクですね。

> ### この章で使いやすい英文3パターン

道案内や交通の説明に頻出するパターン。
相手に提案や助言をする際にも使い回せます。

＜助言する＞ You need to 〜（〜する必要があります）※P.24も参照
You need to go upstairs.
（上の階へ行かないといけません）

＜申し出る＞ Let me 〜（〜させてください）※P.91も参照
Let me find out for you.
（情報を探しますよ）
＊直訳では「あなたのために情報を探させてください」。

＜すすめる＞ I recommend 〜ing（〜するのがおすすめです）
I recommend arriving early to avoid the crowds.
（混雑を避けるため、早めに行くのがおすすめです）

Q1

この電車はどこ行きですか?

Where does this train go?

Track 01
P.22-23

whereで質問が始まったら、場所について聞かれていると意識すると、内容が理解しやすくなります。英語で質問を受けるとき、まずは疑問詞に注目を!

小田原行きです。

It goes to Odawara.

東京行きの快速です。

It's a rapid train to Tokyo.

終点は東京駅です。

The last stop is Tokyo Station.

この電車は終点の高尾駅まで行きます。

This train goes to the terminal at Takao Station.

この路線は渋谷で東横線に乗り入れします。

This line joins up with the Toyoko Line from Shibuya.

*join up with 〜 = 〜と結びつく(東横線と結びつく=乗り入れる)

Q2

この電車は代官山駅に停まりますか?

Does this train stop at Daikanyama Station?

stop at 〜で「〜に停まる」です。会話中に地名や駅名が出てくる場合、どこで（場所）＋何を（動作）さえ聞きとれれば、だいたい答えられるもの。

ええ、停まります。／いいえ、停まりません。

Yes, it does. / No, it doesn't.

代官山には各駅停車しか停まりません。

Only local trains stop at Daikanyama.

＊local train ＝ 各駅停車（の電車）

自由が丘で各駅停車に乗り換えてください。

Please transfer to the local train at Jiyugaoka.

道案内には命令形が活躍

おさらい
中学英語

Go straight.（まっすぐ行ってください）など、主語を省略して動詞で始めるのが「命令形」ですね。P.21でも触れたように、道案内での命令形は失礼なニュアンスはありませんが、動詞の前にPleaseを添えることでより丁寧な印象になります。

Q3

これは渋谷まで行きますか?

Does this go to Shibuya?

Track 02
P.24-25

go to ~は人間だけではなく、電車などにも使われます。ここでのthisは電車のことで、ホームで電車を指さしながらや、車内でこのように聞かれることも考えられます。

はい、行きますよ。／いいえ、行きません。

Yes, it does. / No, it doesn't.

はい、3つ目の駅が渋谷です。

Yes, the third stop is Shibuya.

この電車は渋谷へは行きません。

This train doesn't go to Shibuya.

You need to ~で交通案内を

おさらい
中学英語

〈need to+動詞の原形〉は、「(目的を達成するために)~しなければならない」というニュアンスで、交通・道案内でも使いやすい表現です。

次の駅で降りて戻らなくてはいけません。
You need to get off at the next station, and then come back.

新宿で山手線に乗り換えてください。
You need to change to the Yamanote Line at Shinjuku.

Q4

新宿駅まで行きたいのですが。

I'd like to go to Shinjuku Station.

I'd (I would) like to＋動詞の原形は「〜したい」というときの丁寧な言い方です。質問形ではなく、こういった表現で聞かれる場合も（P.37、58なども）。どこ行きの何線に乗ったらいいかなど、最低限のことだけでも伝えたい！

山手線に乗ってください。

You need to get on the Yamanote Line.

渋谷行きの山手線は14番線から発車します。

The Yamanote Line for Shibuya is on Platform 14.

まず、あの階段を上がってください。

First, you need to go up the stairs.

先のほうに5番ホームがあるはずです。

You'll see Platform 5 ahead of you.

左折して、案内に従って進んでください。

Turn left and follow the signs.

アナウンスはなんと言っていますか?

What's the announcement saying?

Track 03
P.26-27

電車の遅延や運転見合わせなどのアナウンスがわからない観光客から聞かれたら、単語だけでも伝えられるといいですね。announcementの動詞には、このようにsayが使われます。

人身事故で遅れているようです。

It's late because someone got injured.

地震で止まっているようです。

It stopped because of an earthquake.

到着が5分遅れるそうです。

The train will arrive five minutes late.

強風の影響で徐行運転をするそうです。

The train's moving slowly because of the strong wind.

もっと話すなら…

今、原因を調べているようです。

They're checking to see what happened.

車内で何かのトラブルが起きているようです。

There seems to be trouble in that train car.

踏切の故障の影響で遅れているそうです。

It's late because of a problem with a railroad crossing.

復旧のめどが立たないそうです。

They don't know when we'll start moving.

ほかの路線を使ったほうがいいと思います。

It's probably better to transfer to another line.

アナウンスに使われやすい語句

駅や電車内のアナウンスでよく使われる語句を押さえておきましょう。

震災 ▶ earthquake disaster　　強風 ▶ strong wind
速度を落とす ▶ slow down　　急病人 ▶ sick passenger
客同士のトラブル ▶ problem with some passengers fighting

Q6

切符はどこで買えますか?

Where can I buy a ticket?

Track 04
P.28-29

ticketは「チケット」というカタカナ発音を想像していると、聞きとれないかもしれません。ティケッ(ト)と、tの音はほぼ聞こえません。

あちらの券売機で買えます。※指さしながら。

You can get it at that ticket machine.

どちらへ行くのですか?

Where are you going?

改札口の隣に券売機があります。

The ticket machine is next to the ticket gate.

英語の案内もあるはずです。

There should be an English guide.

*should be 〜 = 〜のはずだ

新幹線の切符も券売機で買えますよ。

You can also buy bullet train tickets from the ticket machine.

Q7

切符はどうやって買えばいいですか?

How can I get a ticket?

How～?で尋ねられたら、何かの方法を知りたいのだなと受けとると、理解しやすいでしょう。ここでのgetは「手に入れる」という意味になります。英語ネイティブはbuy(買う)という意味でgetもよく使います。

券売機はあちらにあります。 ※指さしながら。

The ticket machines are over there.

渋谷までは150円です。

It's 150 yen to Shibuya.

券売機でSuicaにチャージできます。

You can put some money on your Suica card at a ticket machine.

手段を尋ねるhow

おさらい
中学英語

疑問詞のhowは手段や方法を尋ねるときに使われます(ほかに程度を尋ねるhowなども。P.33参照)。 How can I～?は「どうすれば～できますか?」と尋ねるときに、いろいろなフレーズに応用できる便利なパターンです。

ワイファイにはどうやったらつながりますか?
How can I access the Wi-Fi?

Q8

東京から京都へはどのように行きますか?

How can I get to Kyoto from Tokyo?

Track 05
P.30-31

「〜へ行く」はget to 〜を使うのがネイティブには自然です。
get to＋場所で「〜へ行く」という使い方を覚えておきましょう。

新幹線で2時間ほどです。

It's about two hours by bullet train.

東京から京都までの高速バスもありますよ。

There's also a highway bus from Tokyo to Kyoto.

深夜バスもありますが、時間がかかります。

There's a night bus, but it's a long trip.

飛行機でも行くことができます。

You can also go by plane.

＊空港がある場所の場合 (下のフレーズも)。

飛行機だと約1時間で行けます。

It's about an hour by plane.

Q9

神戸には新幹線と飛行機のどちらが行きやすいですか?

Which way is easier to get to Kobe, by bullet train or airplane?

来日したあとに交通手配をする旅慣れた観光客から、こんな質問が出ることも。

飛行機で行くのがおすすめです。

I recommend taking a plane.

新幹線のほうがわかりやすいです。

Taking a bullet train is easier.

空港まで行かずにすむので、新幹線がいいでしょう。

You don't need to go to the airport, so taking a bullet train is better.

比較級でよりおすすめの方法を提案

おさらい
中学英語

形容詞の原形にerなどをつけると「より〜」という意味の比較級になります。It's easier (harder) to+動詞の原形 〜 than...だと、「…より〜のほうが簡単(むずかしい)です」となり、2つの方法を比べておすすめを教える表現などに使いやすいです。

歩いて行くより、バスのほうが簡単だ。
It's easier to go by bus than on foot.

Q10

二条城までどれぐらいかかりますか?

How long does it take to get to Nijo Castle?

Track 06
P.32-33 How long does it take ~ ? は、かかる時間を聞く定型表現。手段とかかる時間をセットで教えてあげましょう。

徒歩で5分くらいです。

It's a five-minute walk.

＊数字-minute walk ＝ 徒歩○分

歩くと30分以上かかります。

It's more than 30 minutes on foot.

タクシーなら5分ほどで行けるでしょう。

It takes about five minutes by taxi.

混んでいなければ15分で着くはずです。

If it's not crowded, it should take 15 minutes.

＊crowded ＝ 混んだ、混雑した

タクシーだとお金がかかるので、電車で行くのがおすすめです。

Taxis are expensive, so I recommend going by train.

Q11

バスはどれくらいの間隔で来ますか?

How often does the bus come?

How often ~ ?は「どれくらいの間隔で~ですか?」と頻度を尋ねる表現です。「よく~なのですか?」というニュアンスも含まれます。

10分間隔で来ますよ。

There's one every 10 minutes.

このルートはあまりバスが来ません。

There aren't many buses on this route.

ここはバスの本数が多いですよ。

The bus stops here frequently.

＊frequently ＝「頻繁に」なので、直訳では「ここにはバスがしばしば停まります」。

おさらい中学英語

程度を尋ねるhow

P.29、30では手段を尋ねるhowが登場しましたが、ここでのhowは、直後に形容詞や副詞を伴って「どのくらい~ですか?」のように程度を尋ねるものです。

最寄りのバス停までどれくらいですか?
How far is it to the nearest bus stop?

その建物はどのぐらいの大きさですか?
How large is that building?

Q12

そこまで歩いて行けますか?
Can I walk there?

Track 07
P.34-35

街歩きや散歩を楽しみつつ、目的地(destination)までぶらぶら歩きたいという観光客も。歩いて行けるかどうかを聞かれたら、目安時間も教えられるとベター。

ええ、歩いて10分くらいですよ。

Yes, it'll take about 10 minutes.

歩くのはおすすめしません。

I don't recommend walking.

バスを使ったほうがいいでしょう。

I recommend taking a bus.

少しかかりますが、歩けなくはないと思います。

It takes a while, but it's possible to walk there.

歩いて行けば、町を少し見ることができます。

If you walk, you can see a little bit of the city.

Q13

目印はありますか?

Are there any landmarks?

landmarkは、場所案内などをするにあたって、目印となる特徴的な建物や場所を指します。1つの単語なので、land markと分けないこと。外国人にもわかりやすい目印を伝えましょう。

はい、郵便局があります。

Yes, there's a post office.

いいえ、特に目印はありません。

No, there are no landmarks.

大きな交差点がありますので、その先です。

There's a big intersection, and it's past that.

場所を尋ねるThere is/are構文

おさらい
中学英語

Is / Are there ~ ? は、「~はありますか?」と、場所を探しているときやおすすめのお店を尋ねるときなどによく使い、旅行中に頻出のパターンです。

ここらへんにいいレストランはありますか?
Is there a good restaurant around here?

朝食ビュッフェはありますか?
Is there a breakfast buffet?

*サービスの有無についてもIs/Are there ~ ?で尋ねることができます。

Q14

ここはどこですか?

Where am I on this map?

※地図を指さしながら。

Track **08**
P.36-37

直訳では「この地図上で私はどこにいますか?」。旅行には紙の地図やガイドブックが必需品でしたが、最近ではマップアプリが主流です。スマホの画面を見せながら道を尋ねる旅行者も。

このあたりです。※指さしながら。

You're around here.

この地図にはのっていません。

It's not on this map.

地図を見せてもらえますか?

Could you show me your map?

あの案内板を見てみましょう。

Let's take a look at the sign together.

*take a look ＝ 見てみる

よければそこまで案内しますよ。

I'll take you there if you'd like.

Q15

迷ってしまったようなのですが。

I think I'm lost.

lose（過去形・過去分詞形が lost）は「失くす」以外に「迷う」という意味があり、be lost で「道に迷っている」という意味になります。このように話しかけられたら、まずは相手がどこへ行きたいのか把握しましょう。

どこへ行きたいのですか？

Where do you want to go?

そこの交番で聞いてみてください。

You should ask at the police station there.

いっしょに行きますよ。

Let me go with you.

おさらい
中学英語

依頼表現のCould you 〜？

Can you 〜 ?/Could you 〜 ?はどちらも「〜してくれませんか?」という依頼表現で、Could you 〜 ?のほうが丁寧な言い方です。しかしCan you 〜?が失礼というわけではなく、「依頼を受けてくれなくてもかまわない」というニュアンスがあります。Could you 〜 ? は丁寧な分、「断らないで」という切実さがある場合も。断ってほしくないことが多いビジネスシーンでは、Could you 〜?がよく使われます。

Q16

この看板はどういう意味ですか?

What does this sign mean?

Track 09
P.38-39

案内表示や看板（information board）が多いといわれる日本ですが、たくさんあれば便利というわけでもなく、日本語だけの表示や日本独特のマークに戸惑う外国人も。

これは「禁煙」と書いてあります。

It says this area is non-smoking.

「撮影禁止」という意味です。

It means you can't take photos here.

「土足禁止」と書いてあります。

It says please remove your shoes here.

この場所での飲食は控えてくださいという意味です。

It means please don't eat or drink here.

ゴミは分別してくださいと書いてあります。

It says please separate your trash.

Q17

案内所は何時に開きますか?

What time does the information center open?

案内所は information center 以外に information office/desk/counter という言い方も。観光地にある案内所は tourist information といいます。

9時に開くでしょう。

It opens at 9:00.

もうすぐ開くと思いますよ。

I think it'll open soon.

ちょっと調べてきますね。

I'll go find out.

おさらい
中学英語

何が書いてあるかはIt saysで

It says 〜 は、「〜と言っています」という以外に、左ページのように「〜と書いてあります」と、何が書かれているかを教えるときにも使います。it は3人称なので says と s がつきます。また、It is said that 〜 だと「〜といわれています」と、一般論やうわさ話について話すときに使います。

彼女は来年引退するといわれています。
It is said that she will retire next year.

覚えて
おこう！

～しなければならない

must / have to / should

- **must は** ─── 話し手の主観として、
  自分や人がしなくてはいけないと思う「義務」

- **have to は** ─── まわりの都合や要因により、
  そうせざるをえない「状況」

- **should は** ─── 自分や相手を気づかい、
  そうしたほうがいいという「アドバイス・提案」

I must finish my homework before the holiday.
休み前に宿題を終わらせないと。

You must report to your boss what happened.
何があったのか上司に報告すべきです。

I have to go now. My kids are waiting.
もう行かないと。子どもたちが待ってるし。

You have to go to the hospital.
病院へ行くべきです。

I'm tired. I should take a rest.
疲れたなぁ。ちょっと休まないとだな。

You should eat vegetables.
野菜を食べたほうがいいですよ。

観光や買い物について答える

観光やショッピングを楽しむために、
いろいろ知りたいという観光客も。
人気の観光地やおすすめの商品などについて
答える表現を知っておきましょう。

[YouTubeでも音声が聞ける]
・この章の音声がまとまった音声動画です。
・QRコードが読みとれない場合は下記URLへ。
https://youtu.be/e51SOHC3wGI
※音声についてはP.18参照。

むずかしく考えずに簡単な表現で

1500円って英語でどう言う？

日本語と異なる英語での数え方

英語での数の数え方は、身につくまではスッと出てきません。たとえば、「1万」「10万」はすぐに出てきますか？ ten thousand、one hundred thousand ですが、日本人はこのように 1000（thousand）を基本単位とする数え方になじみがないので、戸惑いがちです。とはいえ、左のマンガのように、**一ケタずつ言うのでも十分通じます**。スマホの電卓やレジの表示などを見せながら言うと確実でしょう。

金額や西暦の表し方も特有

英語で 1000 円というときは、a/one thousand yen とわかりやすいのですが、たとえば **2200 円**だと two thousand and two hundred yen（and は省略しても OK）、もしくは twenty-two hundred yen と表現します。後者はやはり日本人にはなじみがない数え方ですが、いずれか言いやすいほうを使いましょう。また、観光案内で役立つ西暦の言い方も覚えておくといいでしょう。たとえば **1896 年**だと、eighteen ninety-six と2ケタずつ区切っていいます。**2024 年**は twenty twenty-four もしくは two thousand twenty-four の2通りがあります。

この章で使いやすい英文3パターン

観光案内や買い物の説明に頻出するパターンです。
場所やおすすめなどを教えてあげるときに活躍します。

＜物や場所を示す＞ There is/are ～（～があります）
There are many kitchenware items in Kappabashi.
（合羽橋には多くの台所用品があります）

＜教える＞ I'll show/tell you ～（～をお見せします/教えます）
I'll show you the route on my phone's map.
（行き方をスマホの地図でお見せしますね）

＜提案する＞ Do you want me to ～ ?（～しましょうか？）
Do you want me to take you there?
（そこへお連れしましょうか？）

Q18

レジはどこですか?

Where's the check-out line?

Track **10**
P.44-45

check-out lineは「会計をする人が並ぶ列」という意味で、つまり「レジはどこ?」と尋ねていることに。lineの代わりにcounterを使うこともあります。

あそこです。※指さしながら。

It's over there.

「¥」のマークが見えますか?

Can you see the yen symbol?

あそこの列が見えますか?　そこだと思います。

Can you see the line over there? I think that's it.

お礼への返答のバリエーション

質問に答えてお礼を言われたときの返し、「どういたしまして」のバリエーションをいくつか覚えておきましょう。

You're welcome.（どういたしまして）

No problem.（問題ないですよ）

It's my pleasure.（喜んで）

Q19

入場券を買わないといけませんか?

Does everyone need to buy a ticket?

最近ではオンラインで予約・支払いをして、入場はスマホの画面でQRコードを表示するといった方法もよくとられるため、観光客にはわかりにくい場合もあります。そういった事情を簡単な英語で伝えられるといいですね。

入場券は必要ありません。

You don't need an admission ticket.

入場券は前売りでしか買えません。

You can only buy tickets in advance.

*in advance ＝ あらかじめ、事前に

スタッフに聞いてみましょう。

Let's ask a staff member.

当日券があるはずです。

There should be same-day tickets for sale.

*same-day ticket ＝ 当日券

オンラインで購入する電子チケットが必要です。

You need a digital ticket bought online.

Q20

それは誰でも買えるものですか?
Can anyone buy one?

Track 11
P.46-47

相手の持っているものに魅力を感じ、自分もほしいという
ニュアンスでの質問になります。どこで買えるか教えてあ
げましょう。

これはもらいものなんです。

I got this as a gift from someone.

出口の近くの売店で売っていますよ。

You can buy it at the shop near the exit.

オンラインでも買うことができますよ。

You can also buy it online.

＊「アマゾンで買えます」の場合はYou can buy it on Amazon.となります。

これは伊勢丹という百貨店で買いました。

I bought this at a department store called Isetan.

気に入ったのなら、お店の場所を教えますよ。

If you like it, I'll tell you where the shop is.

Q21

最新の電化製品はどこで買えますか?

Where can I buy the latest electronic goods?

日本の電化製品は高性能というイメージは健在。電化製品はelectronic goodsですが、特に家庭で使う「家電」はhome appliancesなどといいます。

秋葉原で安く買えますよ。

You can get good prices in Akihabara.

＊get a good price ＝ 安く買う

新宿や池袋も品ぞろえが豊富です。

Shinjuku and Ikebukuro also have a variety of products.

値段交渉に応じてくれます。

They're willing to lower the price.

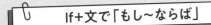

おさらい
中学英語

If＋文で「もし〜ならば」

左ページ下のIf＋文 (もし〜なら) のフレーズも、日常会話でよく使います。Let's go to the beach if it's sunny. (晴れていたら海辺に行こう) のように、メインの文にif節が続く場合と、If it's sunny, let's go to the beach.のようにif節が先に来る場合の両方があり、後者はカンマで2文を区切ります。

Q22

これの値段はわかりますか?

Do you know how much this is?

Track 12
P.48-49

How much is this?も値段を尋ねる表現ですが、それは店員に直接聞くイメージです。Do you knowをつけることで「もし知っていたら教えて」というニュアンスに。

1000円です。

It's 1,000 yen.

税込みで5400円です。

It's 5,400 yen with tax.

*with tax ＝ 税込みで

3つで1000円です。

It's three for 1,000 yen.

レジの人に聞いてみましょうか?

Do you want me to ask the cashier?

バラ売りはしていないようです。

They don't sell them individually.

*individually ＝「個別に」なので、直訳だと「個別では売っていない」。

Q23

キャッシュレス決済で何が使えますか?

What payment options are there?

海外ではキャッシュレス決済が進んでいるため、キャッシュレス対応を当然として、使える種類(payment options)をこのように聞かれることがあります。たいていレジ横や入口に使える種類の表示があるので、それを指すだけでも。

クレジットカードが使えるみたいですよ。

It looks like you can use a credit card.

これらの電子マネーが使えそうです。 ※レジ横の表示などを指しながら。

You can use these forms of electronic money.

現金のみの支払いでお願いします。 ※店員の回答として。

Cash only, please.

おさらい
中学英語

It looks like ~ で「~のようです」

聞かれたことに対して断定を避けたいときには、It looks like ~(~のようです)という表現を使うのが便利。likeのあとに自分の意見を続けます。

どうやら予約が必要のようです。
It looks like you need to make a reservation.

どうやら私たちは会議に遅れそうです。
It looks like we're going to be late for the meeting.

Q24

お手洗いはどこですか?

Where are the restrooms?

Track 13
P.50-51

アメリカ英語では外出先や公共の場のトイレにはrestroom、家庭のトイレにはbathroomを使うのが主流です。公共の場のトイレはたいてい1つではないため複数形になります。

あの小さな建物の中です。

They're in that small building.

あの店の隣にあります。

They're next to that shop.

係員に聞いてみましょう。

Let's ask the clerk.

この方が案内してくれるそうです。

He/She will help you.

わからないので、案内地図をいっしょに見ましょう。

I don't know, so let's look at the guide map together.

Q25

おすすめの日本のお土産はなんですか?

What kind of Japanese gifts do you recommend?

食べ物であれば、日もちするものや形くずれしにくいものをすすめるのがベター。「賞味期限」はbest before＋日付という表現になります。

日本のおいしいお菓子は人気です。

Delicious Japanese snacks are popular.

＊snacksはお菓子全般、sweetsはあめやチョコレートなど甘いお菓子を主に指します。

100円ショップでもお菓子は買えますよ。

You can also buy snacks at a 100-yen shop.

精巧なおもちゃは、特に人気があります。

Toys with a lot of detail are especially popular.

＊detail ＝ 精巧さ

おさらい
中学英語

種類を尋ねるときの表現

What kind of A do you ～? は「どんな種類のAが～ですか?」と尋ねるときに便利な表現です。Aの部分に具体的に聞きたいものを入れます。

どんな音楽が好きですか?
What kind of music do you like?

Q26

ここの見どころはなんですか?

What are the highlights here?

Track 14
P.52-53

観光地の見どころはhighlightといい、人気の催し物などにも使います。くだけた言い方ではmust-seeもよく使われます。

このお寺は国宝です。

This temple is a National Treasure.

この城には興味深い歴史があります。

This castle has a fascinating history.

*fascinating = 魅力的な、興味を引くような

滝は圧巻ですよ。

The waterfall makes people feel overwhelmed.

日本庭園は旅行者には必見です。

The Japanese garden is a must-see for any traveler.

展望台からの景色はとても美しいですよ。

The view from the observation deck is really beautiful.

Q27

若者に人気の観光スポットはどこですか?

Where's a good place to visit for young people?

定番スポットは混雑していることもあるので、穴場スポットを紹介すると喜ばれます。「穴場」は英語で a little-known but good place と表現します。

竹下通りでは日本のポップカルチャーを感じることができます。

You can experience Japan's pop culture on Takeshita Street.

渋谷は流行発信地です。

Shibuya is a trendsetting district.

＊trendsetting ＝ 流行をつくり出している

大阪のUSJも若者に人気があります。

Osaka's USJ is popular with young people.

おさらい
中学英語

「～される」は make＋人＋動詞の原形

自分の意思ではなく何かに「～される」というときは、make＋人＋動詞の原形を使います。左ページの「滝は圧巻ですよ（＝滝はあなたを圧倒します）」のように、コントロールできない感情を表すときなどによく使われる表現です。主語は人物以外の場合も多く、英語らしい表現です。

53

Q28

富士山はどこにあるのですか?

Where's Mt. Fuji?

Track 15
P.54-55

富士山は日本のシンボル(symbol of Japan)として知られていますが、実際にはどこにあるのか知らない外国人が多いようです。場所のイメージが伝わる説明はできますか?

富士山は東京の西側にある静岡県と山梨県にまたがっています。

It's on the border between Shizuoka and Yamanashi to the west of Tokyo.

東京から特急で3時間で行けます。

It takes three hours by the express from Tokyo.

富士山へのバスツアーに参加できます。

You can take a bus tour to Mt. Fuji.

おさらい
中学英語

富士山について説明してみよう

富士山は日本一高い山で、火山でもあります。
Mt. Fuji is Japan's highest mountain and is also a volcano.

美しいので、日本の象徴になっています。
It has become a symbol of Japan because of its beauty.

多くの人が日の出を見るために登ります。
A lot of people climb Mt. Fuji to see the sunrise.

Q29

富士山は誰でも登れますか?

Can anyone climb Mt. Fuji?

climbingは本格的な登山、trekkingはもう少し軽めで野山を歩くイメージです。trekking感覚で登ろうとする観光客には、富士登山のシーズンは夏であることや、十分な体力と準備が必要であることを伝えたいもの。

はい、7月上旬から9月上旬まで登れます。

Yes, anyone can climb from early July to early September.

普通の体力があれば登れると思います。

If you have average fitness, you can climb.

*fitness = 体力

軽装での登山者が問題化しています。

People climbing without proper clothing are becoming a problem.

*without proper clothing = ちゃんとした服装なしの (つまり軽装での)

3000メートル級の山なので、きちんと準備したほうがいいでしょう。

Mt. Fuji is over 3,000 meters high, so you need to be well prepared.

Q30

京都はどうしてそんなに人気があるのですか?
Why is Kyoto so popular?

Track **16**
P.56-57 京都は世界的にも有名な観光地です。外国人は伝統的な雰囲気(traditional atmosphere)に引きつけられるようです。

四季折々の美しい景色を楽しめるからです。

It's because you can enjoy beautiful scenery from season to season.

歴史的建造物がたくさん残っています。

There are a lot of historic buildings still standing.

風情ある通りがあります。

There are quaint streets there.

*quaint = 趣のある

夜の祇園はとても風流です。

Gion at night is really elegant.

写真映えするスポットが至る所にあります。

It's full of photogenic spots.

京都ではさまざまな日本の重要文化財が見られます。

You can see various Important Cultural Properties in Kyoto.

おいしい飲食店がたくさんあります。

There are a lot of good restaurants there.

京町家を改装した新しいお店も魅力的です。

The new stores in remodeled Kyoto townhouses are charming.

*remodeled ＝ 改装された

桜や紅葉がとてもきれいです。

The cherry blossoms and autumn leaves are very beautiful there.

It's because ～ で理由を答える

おさらい
中学英語

「なぜ～?」と聞かれたときの回答は、左ページの文のようにIt's because ～（〜だからです）が定番パターンです。It'sをつけない言い方も口語では使われますが、becauseは接続詞なので本来は下の文の下線部のように、「〜だから…」という「…」の文が必要になります(Because I was tired.だけの文は口語的表現)。

疲れていたからです。
It's because I was tired.

疲れていたから早めに寝ました。
Because I was tired, <u>I went to bed early</u>.

Q31

旅館でのマナーを教えてください。

Tell me about etiquette at Japanese style inns.

Track 17 P.58-59

manner は社会や集団を意識し、一般に求められる行動で、場所が変わっても共通しています。それに対し、etiquette は場や状況に応じたふさわしい言動や心づかいをいいます。

館内ではスリッパを履きます。

You need to wear slippers in the inn.

＊スリッパについての説明フレーズはP.95も参照。

ふとんは旅館のスタッフが敷いてくれます。

The inn staff will set up the *futon* for you.

チェックアウトのときは、浴衣をたたみましょう。

When you check out, roll up the used *yukatas*.

Tell me about 〜での質問も

おさらい中学英語

Tell me about 〜 は質問文ではありませんが、「〜 について教えてください」というとき、このフレーズを使って聞かれることもあります。命令形でも失礼なニュアンスはありませんが、pleaseをつけたり、Could you tell me about 〜?という言い方（P.98参照）にすると、より丁寧な表現になります。

Q32

温泉の入浴ルールは?

What are the rules for using hot springs?

rule はやや強制力がある決まり事で、rules for ～ing で「～するときのルール」となります。気をつけることや禁止事項などをシンプルに中学英語で伝えてみましょう。

泳いではいけません。

You shouldn't swim.

水着は着て入れません。

You can't wear your swimsuit.

湯船に入る前に体を洗いましょう。

Wash your body before you soak in the tub.

シャワーはほかの人にかからないように気をつけましょう。

Try not to splash others with the shower spray.

水でぬるくしてはいけません。

You shouldn't add cold water to cool down the bath.

相手にも質問しよう!

質問されて回答したあとも相手が会話を続けたい気配がある場合、こちらから質問してみてもいいですね。日本に歓迎する気持ちが伝わり、英会話実践の場にも! まずは無難な内容から質問してみましょう。

※P.60〜62のフレーズは音声に含まれません。

初対面の外国人へ

フライトはどうでしたか?
How was your flight?

時差ぼけはありますか?
Do you have jet lag?

日本へはどれくらいかかりますか?
How long does it take to fly to Japan?

日本は初めてですか?
Is this your first time in Japan?

日本へいらしたきっかけはなんですか?
What brought you to Japan?

どのぐらい日本に滞在する予定ですか?
How long do you plan to stay in Japan?

日本はどうですか?
How are you finding Japan?

*日本を訪ねての印象を聞くときに。How do you like Japan?でもOK。

浅草へ行ったことはありますか?

Have you ever been to Asakusa?

京都へはもう行かれましたか?

Have you already visited Kyoto?

どんなところへ旅行に行きましたか?

What kind of places have you been to?

日本以外の国に旅行したことはありますか?

Have you been to other countries besides Japan?

日本で何が楽しかったですか?

What was your favorite thing to do in Japan?

日本でおいしいものを食べましたか?

Did you eat any delicious food in Japan?

お土産は何か買いましたか?

Did you buy any souvenirs in Japan?

あなたの国と比べていかがですか?

How does Japan compare to your own country?

何か日本語を覚えましたか?

Did you learn any Japanese during your trip?

いつ帰られますか?

When are you going to go back?

あなたはいかがですか?
How about you?

あなたはどう思いますか?
What do you think?

それに賛成ですか?
Do you agree with it?

ほかにお考えはありますか?
Do you have any other ideas?

ご意見をうかがえますか?
May I ask for your opinion?

〜についてはいかがですか?
What do you think about 〜?

〜についてお聞かせください。
Tell me about 〜

〜についてのご意見をお聞かせください。
Let me hear your opinion on 〜

いくつかお聞きしてもいいですか?
Can I ask you a few questions?

個人的な質問をしてもいいですか?
Do you mind if I ask you a personal question?

＊少し踏み込んだ質問をするときはこのような言い方をします。
Do you mind if 〜?（〜してもいいですか?）についてはP.85参照。

好感度アップの自己紹介

観光地に居合わせたり、交通機関で乗り合わせたり
したときに話しかけてくる好奇心旺盛な外国人も。
簡単な答え方を押さえておきましょう。

[YouTube でも音声が聞ける]
・この章の音声がまとまった音声動画です。
・QRコードが読みとれない場合は下記URLへ。
https://youtu.be/eFki9NFbDHQ
※音声についてはP.18参照。

自己紹介をして
コミュニケーションをとろう

初対面の人にはね…

1

2

Japan is so beautiful!
日本はとても美しい！

うれしいな〜

Where are you going?
どこへ行くのですか？

Hakone.
箱根

3

My name is John. And you are...?
私はジョンです。あなたは？

よし、オレも
がんばって自己紹介
するぞ！

4

My name is Sato.
I retired from work.
I'm looking for a part-time job.
私は佐藤です。定年退職しました。
アルバイトを探しているところなんだ

いい仕事知ってる？

それ、
言う必要ある？

自己紹介のポイント

交通機関内や観光地などで観光客と会話した際に、**相手が名乗ってきたら、下の名前だけでもいいので、こちらも名乗るのが英語圏でのマナー**です。外国人との交流にうれしくなっていろいろ話したくなるところですが、唐突に自分の身の上話まで始めてしまうとびっくりされるかもしれません。日本の印象などをあたりさわりなく聞いたり（P.60〜62参照）、天気などについて話したりするのが無難です。相手にもっと話したい様子があれば、ちょっと踏み込んで個人的な話も少ししてみるといいでしょう。

名乗るときのポイント

I'm Mike, and you're...?（**マイクです。あなたは?**）のように聞かれたら、I'm Taka.（タカです）のように答えます。日本語の名前をフルネームで言うと、区切りがどこだかわかりづらいので、その場合はI'm Taka, Taka Suzuki. のように、先に下の名前を名乗ってから、フルネームでくり返すと親切です。My name is... でももちろんかまいませんが、少しかたいニュアンスもあります。名乗ったあとは、**Nice to meet you.**（**はじめまして**）のように続けます。

この章で使いやすい英文3パターン

自己紹介をするときの頻出パターンです。
疑問形にして、相手の趣味・関心を聞くのにも使えます。

＜自分について話す＞I'm 〜（私は〜です）
I'm a student at ABC University.（私はABC大学の学生です）
I'm passionate about cooking.（私は料理をするのが大好きです）
＊be passionate about 〜 = 〜が大好きだ

＜好きなことを話す＞I like 〜ing（〜することが好きです）
I like spending time with my friends and family.
（私は友だちや家族と過ごすのが好きです）

＜興味を伝える＞I'm interested in 〜（〜に興味があります）
I'm interested in learning new languages.
（新しい言語を学ぶことに興味があります）

Q33

お名前を教えていただけますか?

Can I get your name?

Track 18
P.66-67

相手に聞く前に自分から名乗るのがマナーです。I'm John, and you're...? (ジョンといいます。あなたのお名前は?) のように聞くこともよくあります。

田中純子です。

I'm Junko Tanaka.

友だちにはジュンと呼ばれています。

My friends call me Jun.

＊Everyone calls me Jun.でもOKです。

気軽にジュンと呼んでください。

Please just call me Jun.

ニックネームはジュンです。あなたのことはなんと呼べばいいですか?

My nickname is Jun. What can I call you?

スペルはMIKAです。

The spelling is M-I-K-A.

人からはどう呼ばれていますか?

What do you go by?

*go by 〜 = 〜の名で通っている (= 〜と呼ばれている)

美月といいます。「美しい月」という意味で、祖母がつけてくれました。

I'm Mizuki. My grandmother named me, and it means "beautiful moon."

ケンタといいます。祖父にちなんでつけられた名前です。

I'm Kenta. I'm named after my grandfather.

*be named after 〜 = 〜にちなんで名づけられる

はじめまして。 ※名乗ったあとに続ける。

It's nice to meet you.

3章

好感度アップの自己紹介

SVOCの文型を押さえよう

おさらい
中学英語

A call B Cは「AはBをCと呼ぶ」という意味です。これは〈S(主語)+V(動詞)+O(目的語)+C(補語)〉で構成される「第5文型」にあたり、 O=Cの関係になります。

同僚は私をフーちゃんと呼びます。
My co-workers call me Fu-chan.
    S   V   O   C

67

Q34

ご出身はどちらですか?

Where are you from?

出身地ネタはicebreaking（緊張をほぐす話題）になります。口語ではareを省いて、Where you from?と聞く人も。場所や名物、環境、同郷の著名人などを伝えられますか?

奈良県の出身です。

I was born in Nara Prefecture.

東京の隣の神奈川県出身です。

I'm from Kanagawa, which is next to Tokyo.

生まれも育ちも北海道です。

I was born and raised in Hokkaido.

東北出身で、今は東京で一人暮らしをしています。

I'm from the Tohoku region, but now I live in Tokyo by myself.

生まれついての東京の人間です。

I'm a native Tokyoite.

＊Tokyoiteは「東京の人」を表し、発音は「トーキョーアイト」。

もっと話すなら…

私が5歳のときに、家族はここへ引っ越してきました。
My family moved here when I was five.

東京から新幹線で3時間ほどのところです。
It takes about three hours to get there from Tokyo by bullet train.

古い寺がたくさんあるところです。
It's a place with a lot of old temples.

彼は私と同じ町の出身なんです。
He's from the same town as me.

私は東京生まれですが、両親は北海道出身です。
I was born in Tokyo, but my parents are from Hokkaido.

土地の位置がわかる伝え方を

おさらい
中学英語

東京、京都など外国人にも知られた土地であれば場所の説明は必要ありませんが、地方の場合は日本のどのあたりかくらいは伝えてあげると親切です。

日本の西側にあります。
That's in western Japan.
＊東側の＝eastern　北側の＝northern　南側の＝southern

京都の近くです。
It's near Kyoto.

Q35

あなたの家族構成は?

How big is your family?

Track 20
P.70-71

海外では家族のことをよく話題にします。How big is your family?は直訳では「何人家族ですか?」ですが、人数というより、家族の構成を聞く定型質問です。

母と兄の3人家族です。

I'm from a family of three – my mother, brother and myself.

＊兄はolder brother、弟はyounger brotherですが、「あなたはきょうだいで何番目ですか?」のように聞かれたとき以外は、older/youngerとつけることはありません。

妹と弟が1人ずついます。

I have one sister and one brother.

ひとりっ子です。

I'm an only child.

夫と暮らしています。

I live with my husband.

結婚していて子どもが2人います。

I'm married, and I have two children.

もっと話すなら…

犬と猫を飼っています。

I have a dog and a cat.

息子はとても元気で、スポーツ好きです。

My son is really active and into sports.

*be into 〜 ＝ 〜に興味がある、はまっている

家族は仲がいいので、よく旅行へ出かけます。

We get along great, so we often go on vacations.

*get along great ＝ とても仲がいい

夫は料理が上手です。家に帰って晩ごはんを食べるのが楽しみです。

My husband is a good cook. I can't wait to get home and eat at night.

*good cook ＝ 料理が上手な人
  can't wait to 〜 ＝ 〜するのが待ちきれない（＝楽しみだ）

親戚に関する単語

家族だけではなく、親戚を表す基本単語も押さえておきましょう。

おじ ▶ uncle　　おば ▶ aunt　　甥 ▶ nephew　　姪 ▶ niece
いとこ ▶ cousin　　祖父 ▶ grandfather / grandpa
祖母 ▶ grandmother / grandma
孫 ▶ grandchild　　孫息子/娘 ▶ grandson / granddaughter

Q36

お仕事は何をされていますか?
What do you do?

Track 21
P.72-73

直訳だと「何をしていますか?」ですが、職業を尋ねるときの定型フレーズです。What do you do for a living?（ご稼業は?）といった言い方をすることもあります。

自動車メーカーで働いています。

I work for an automobile manufacturer.

*work for 〜 = 〜で働く

SEをしています。

I'm a systems engineer.

自営業です。

I'm self-employed.

フリーでウェブのデザインをしています。

I do freelance web design.

広告代理店で営業の仕事をしています。

I work as a salesperson for an advertising agency.

出版社で旅行雑誌の編集をしています。仕事は気に入っています。

I work for a publisher and edit a travel magazine. I like my job.

事業を始めて10年目になり、社員もかなり増えました。

We've been in business for 10 years and we have quite a few employees.

*quite a few 〜 = かなりの数の〜

美容師をしています。お客さんに喜んでもらえてやりがいを感じます。

I'm a beautician. I enjoy working hard to make the clients happy.

20年続けています。

I've been doing that for 20 years.

職業・仕事に関する語句

家族やまわりの人たちの職業や仕事に関する語句を調べておくと説明がスムーズに。

銀行員	bank officer	会社員	office worker/office clerk
教師	teacher	保育士	nursery teacher
秘書	secretary	ショップ店員	sales clerk
調理師	chef	ウェブデザイナー	web designer
技術者	engineer	パートタイマー	part-time worker

Q37

何に興味がありますか?

What are your interests?

Track 22
P.74-75

興味のあることはこちらからも話しやすいネタのひとつ。hobbyはかなり熱中した趣味のことで、interestはもっと幅広い興味の対象に対して使います。

フランス映画に興味があります。

I'm interested in French movies.

お菓子作りに凝っています。

I'm into making pastries.

毎朝ジョギングしています。

I've been going jogging every morning.

休みの日には動画編集をしています。

I edit videos on my days off.

*on one's day off = 〜の休みの日に

趣味がたくさんあります。

I have many hobbies.

山登りが好きなので、月に2回ほど山に登っています。

I like climbing mountains, so I do it about twice a month.

＊twice a month ＝ 月に2回。「週に一度」ならonce a week。

おいしいお店を探して、食べに行くのが大好きです。

I love looking for nice restaurants and going out to eat.

ゴルフが好きで、毎週打ちっぱなしで練習しています。

I like golf, so I go to a practice range every week.

＊practice range ＝ （ゴルフの）打ちっぱなし

友人と草野球を楽しんでいます。

I enjoy playing amateur baseball with my friends.

おさらい
中学英語

継続していることは現在完了進行形で

左ページの「ジョギングしています」のフレーズのように、〈have/has been＋～ing〉の
現在完了進行形を使うと、行動が一定の期間にわたって続いていることを表します。

私は3年間ずっと韓国語を勉強しています。
I have been studying Korean for three years.

昨晩からずっと雨が降り続いています。
It has been raining since last night.

Q38

何か習っていますか?

Are you taking any lessons?

Track 23
P.76-77

take a ~ lessonで「~を習っている」という意味です。子どもの習い事はafter-school activitiesともいいます。

ピアノを習っています。

I'm learning to play the piano.

5歳から始めました。

I started when I was five.

週に一度料理教室に通っています。

I go to a cooking class once a week.

オンラインで英会話を習っています。

I'm taking English lessons online.

最近忙しくて行けていません。

I haven't been able to go recently because I've been busy.

最近友人に誘われて、陶芸を習い始めました。

A friend recently got me interested in learning pottery making.

*get one interested in 〜 = 〜に興味を持たせてくれた。つまり、「（習い事など）に誘ってくれた」ということ。

ヨガを5年前から始めました。今では生活の一部です。

I started yoga five years ago. Now it's a part of my life.

*a part of one's life = 〜の生活の一部

韓国語を習って10年経ちますが、なかなか上達しません。

I've been studying Korean for 10 years, but it's hard to make progress.

習い事に関する語句

日本での体験レッスンとして、和の習い事に興味がある観光客も。

絵画 ▶ painting		生け花 ▶ flower arrangement	
お茶 ▶ tea ceremony		着つけ ▶ *kimono* dressing	
ギター ▶ guitar		楽器 ▶ musical instrument	
水泳 ▶ swimming		フラダンス ▶ hula dancing	
ゴルフ ▶ golf	テニス ▶ tennis	サッカー ▶ soccer	
ジムに通う ▶ go to the gym		月謝 ▶ monthly fee	

Q39

休日はどのように過ごしますか?

What do you do on your days off?

Track 24
P.78-79

ワーカホリック（workaholic）のイメージがある日本人が休みの日に何をしているのか、興味がある外国人も多いようです。

体を動かすのが大好きです。

I love to exercise.

1日中ごろごろしています。

I just sit around doing nothing.

*sit around doing nothing = 何もせずにごろごろする

最近ゴルフにはまっています。

I've gotten into golf lately.

*get/be into～ = ～ にはまる／はまっている

🖐 状態が続くことを表す現在完了

おさらい
中学英語

P.75では行動が続いていることを表す現在完了進行形をおさらいしましたが、上のゴルフのフレーズのように、一定期間その状態が続いていることを表すときは、〈have/has＋過去分詞〉の現在完了を使います。

子どものころから東京に住んでいます。
I have lived in Tokyo since I was a child.

連休は旅行にも出かけます。

On long holidays, I go on trips.

ネットフリックスでドラマを楽しみます。

I enjoy watching dramas on Netflix.

姉と食べ歩きをしたりしています。

I go out to try different restaurants with my sister.

天気のいい日は、愛犬とドッグランに出かけます。

When the weather's nice, I take my dog to a dog run.

子どもをどこかに遊びに連れていったりします。

I do things like taking my kids somewhere.

*do things like 〜 = 〜のようなことをする

週末には友だちとつるんでいます。

I hang out with my friends on the weekend.

*hang out with 〜 = 〜とつるむ、いっしょに出かける

Q40

好きなアーティスト／選手は?

Who is your favorite artist/athlete?

Track 25
P.80-81

favoriteは一語で「最も好きなもの」というニュアンスがあります。そのため、the most favoriteでは重複表現になるので、使わないよう注意!

ブルーノ・マーズの大ファンです。

I'm a big fan of Bruno Mars.

*a big fan of ～ = ～の大ファン。bigの代わりにhugeもよく使います。

彼の歌声が大好きです。

I love his voice.

今度ライブに行きます。

I'm going to go to his concert.

おさらい
中学英語

未来を表すwillとbe going to

どちらも未来を表すときに使いますが、willは主に不確定な未来や予測、be going toはすでに確定している未来や予定を表すときに使います。

明日は雨が降るでしょう。
It'll rain tomorrow.

明朝10時に彼を訪ねる予定です。
I'm going to visit him at 10 tomorrow morning.

テイラー・スウィフトが大好きです。

I really love Taylor Swift.

キレのあるダンスが魅力的です。

Her dances with sharp, quick movements are attractive.

八村塁のファンです。彼のプレイはすばらしい。

I'm a fan of Rui Hachimura. His playing is amazing.

浦和レッズの熱烈なサポーターです。試合はほとんど見に行きます。

I'm a huge fan of the Urawa Red Diamonds. I go to most of their games.

ジャック・ジョンソンに夢中です。デビュー以来のファンです。

I'm hooked on Jack Johnson. I've been a fan since his debut.

＊be hooked on 〜 ＝ 〜に夢中だ、はまっている

歌詞がとても素敵です。

His lyrics are really nice.

3章

好感度アップの自己紹介

Q41

連絡先を聞いていいですか?

Can I get your contact information?

Track 26
P.82-83

相手と交流を続ける気があれば、自分の連絡先（contact information）を教えてあげましょう。メール、SNSなど連絡のとりやすい手段を伝えて。

もちろんです。メールアドレスでいいですか?

Sure. How about my email address?

これが携帯電話の番号です。

This is my cell phone number.

名刺を渡しておきますね。

Let me give you my business card.

連絡先を書きますよ。

I'll write down my contact info.

＊infoはinformationの略。

いつでも連絡してください。連絡をとり合いましょうね。

Contact me anytime. Let's stay in touch.

＊stay in touch ＝ 連絡をとり合う。keep in touchともいいます。

Q42

SNSをしていますか?

Are you on social media?

SNSはソーシャルネットワーキングサービス(Social Networking Service)
の頭文字をとったものですが、英語ではsocial mediaと表現します。
※SNSについての表現はP.84～85、152～153も参照。

はい、フェイスブックとインスタをしています。

Yes, I use Facebook and Instagram.

主にXを利用しています。これがアカウントです。

I mostly use X. Here's my account.

SNSはあまりしていないんです。

I'm not really active on social media.

残念ながら何もやっていません。

Unfortunately I don't use anything.

SNSは非公開にしています。

**I prefer to keep my social media accounts
private.**

＊keep ～ private ＝ ～を公開しないでおく

Q43

あなたのアカウントを教えていただけますか?

Can you tell me your account?

Track 27
P.84-85

SNSをよく利用する人からは、アカウント名（account name）を聞かれることも。自分のアカウント名は意外に覚えていないことがありますが、聞かれて答えられますか?

もちろんです。メモに書きましょうか?

Of course. Shall I write it down?

ええ、インスタで@David_Thayneです。

Yes, you can find me on Instagram as @ David_Thayne.

これが私のアカウントです。 ＊画面を見せながら。

This is my account.

すぐにはわからないので、調べてみます。

I'm not sure right now, so I'll look it up.

自分のアカウント名がわからないので、あなたのを教えてください。

I don't know my account name, so please tell me yours.

インスタで料理の写真をアップしています。

I post pictures of food on my Instagram.

Xでほぼ毎日つぶやいています。

I tweet almost daily on X.

飼い犬の様子をたまに投稿しています。

I sometimes post about my dog.

いいね!してくれてありがとう。

Thank you for the like.

*like＝いいね！(SNS用語)。hit the like buttonで「いいね！する」。

友達申請をしてもかまいませんか?

Do you mind if I send you a friend request?

おさらい
中学英語

Do you mind if 〜 ?の回答には注意！

Do you mind if 〜 ?は、「〜してもいいでしょうか?」「〜してもかまいませんか?」と許可を求める慣用表現。Do you mind me/my 〜ing?という言い換えもできます。回答には注意が必要で、許可する場合は「No, I don't.（かまいません）」というようにNoで答えるのが正解。日本人はついYesがOKの意味と思いがちなので気をつけましょう。

～が必要だ、～してほしい

need / want

- **need**は　必要性のある状況、不可欠な要因から生まれた欲求

- **want** は　そうしたい（してほしい）というストレートな願望

I need your help.
助けが必要です。
＊手伝ってもらわないと間に合わないなど不都合がある。

I want your help.
手伝ってほしい。
＊相手に手伝ってもらいたいという願い。

I need a new smartphone.
新しいスマホが必要だ。
＊壊れているなどの理由で、新たにスマホが必要。

I want a new smartphone.
新しいスマホがほしい。
＊単にニューモデルがほしいなどという願望。

I need you to clean this room.
この部屋を掃除してもらう必要があります。
＊来客などの予定があって片づける必要がある。

I want you to clean this room.
この部屋を片づけてほしい。
＊相手に片づけてほしいという気持ち。

4章

日本の伝統文化
について
聞かれたら

伝統文化について答えるのはむずかしそうと思いがちですが、
いくつかの短文に区切って答えると、
意外とシンプルに答えられるもの。
中学英語で知っている知識を伝えてみましょう！

[YouTubeでも音声が聞ける]
・この章の音声がまとまった音声動画です。
・QRコードが読みとれない場合は下記URLへ。
https://youtu.be/pVwJm7fSLT8
※音声についてはP.18参照。

「知りません」も やんわり言えるとベター

説明するのがむずかしい！

勉強熱心な観光客の質問に困ることも

観光客の中には、日本の歴史や文化に強い興味を持って来日する人もいます。勉強熱心で下調べもバッチリ！といった人もいて、歴史的なスポットなどで居合わせたときに、突っ込んだ質問をされることもありえます。相手にしてみたら、「有名な歴史の人物や伝統文化のことだから、日本人なら答えられるだろう」というつもりでの質問かもしれませんが、意外に答えられずにオタオタ……ということも。

「わかりません」の伝え方

わからない場合は率直に「わかりません」と伝えてもいいでしょう。そのときの伝え方ですが、左のマンガのように I don't know. だとちょっとそっけない印象になります（P.144 も参照）。「教えたいけどわからない」といったニュアンスを添えたい場合は、I'm sorry, but I don't know.（すみませんがわかりません）のように、I'm sorry, but 〜（すみませんが〜）や、I'm afraid 〜（あいにく〜）、I'm not sure about 〜（〜のことはよくわからないのですが）などの切り出し表現を使うのがおすすめめです。

この章で使いやすい英文3パターン

日本文化を説明・紹介する際の頻出パターンです。
日常会話の中でもよく使うので、マスターしておきましょう！

＜伝聞＞ It's said that 〜（〜といわれています）※P.187も参照
It's said that the author of this song is unknown.
（この歌の作者は不詳だといわれています）

＜意味を伝える＞ It means 〜（〜という意味です）
It means "great" in Japanese.
（それは日本語で「すばらしい」という意味です）

＜恐縮表現＞ I'm sorry, but 〜／ I'm afraid 〜（あいにく〜）
I'm afraid I haven't heard anything about that.
（残念ながらそれについては聞いたことがありません）

Q44

神社のお参りの仕方を教えてください。

Could you tell me how to pray at a shrine?

Track 28
P.90-91

お参りの作法（how to pray）は、外国人にはかなり難解に思えるようです。ジェスチャーも見せながら説明すると親切です。
※お参りの作法は一例で、地域などによって異なる場合もあります。

やり方をお見せします。

Let me show you what to do.

鳥居をくぐるときは、脱帽して一礼します。

At the *torii* gate, remove your hat and bow once.

参拝前に手を洗います。

Before you pray, you need to wash your hands.

身を清めることができます。

You can purify yourself.

柄杓に直接口はつけないようにしましょう。

Don't put your mouth directly on the ladle.

*ladle = 柄杓

鈴を鳴らし、神さまに自分が来たことを知らせます。

You ring the bell to let the gods know that you're there.

おさい銭は静かに入れましょう。

Put your offering quietly in the collection box.

*offering ＝ さい銭　collection box ＝ 回収用の箱（ここでは、さい銭箱）

2回深く礼をし、2回手を打ちます。

Bow deeply twice and clap your hands twice.

最後に1礼します。

Then bow once when you're finished.

おさらい
中学英語

使役の「〜させる」の便利な使い方

〈let＋O（目的語＝対象）＋原形不定詞〉で「Oに〜させる」という「使役」表現です。道案内や手順説明など、相手に「私に〜させてください」と手助けを申し出るときなどに便利です。左ページのLet me show you what to do.は直訳だと「私にやり方を示させてください」＝「やり方をお見せします」となります。

そちらを手伝いますよ。
Let me help you with that.

道を案内します。
Let me show you the way.

91

Q45

お寺と神社の違いはなんですか？

What's the difference between temples and shrines?

Track 29
P.92-93

禅などの日本のスピリチュアルな事柄に引かれる外国人は多いのですが、お寺と神社の違いがわからないという声もよく聞かれます。

神社は神道、お寺は仏教という異なる宗教の施設です。

Shrines are Shinto and temples are Buddhist, so they're for different religions.

参拝方法や建物、歴史などにも違いがあります。

They have different worship methods, buildings, and histories.

お寺では合掌をします。

At temples we put our hands together in prayer.

*in prayer ＝ 祈りの最中に

神社では二拝二拍手一拝をしますが、お寺ではしません。

At shrines, we do two bows, two claps and one bow. You don't do that at temples.

Q46

お守りにはどんな種類がありますか?
What kinds of *omamori* are there?

袋に入ったタイプのお守り(*omamori*で通じる)は日本独自のもの。海外ではcharm (幸運を呼び込むもの)やamulet (魔除け)などがあります。

これは交通安全のお守りです。
This charm is for traffic safety.

これを携帯しているとあなたの身を守ってくれます。
This will protect you if you carry it around.

ここは受験の神さまの神社です。
This shrine has a god that helps students during exams.

お守りの種類を表す語句

厄除け ▶ bad luck protection		家内安全 ▶ household safety	
心願成就 ▶ fulfilling a wish	商売繁盛 ▶ good business		
縁結び ▶ matchmaking	安産 ▶ safe birth		
病気平癒 ▶ recovery from illness	合格祈願 ▶ passing exams		

日本の家はどんな感じですか?

What are Japanese houses like?

Track 30
P.94-95

観光では一般の人の家に行く機会は少ないため、日本人がどんな家で暮らしているのか外国人は興味津々。日本人には当たり前の家事情も面白く思えることがあるようです。

玄関で靴を脱ぎます。

You need to take off your shoes at the entrance.

お風呂とトイレは別になっています。

The bath and toilet are separate.

2階建てか3階建てが主流です。

Two- or three-story buildings are the norm.

都市部では家は小さく、部屋は狭めです。

In the city, houses are small and the rooms are tiny.

伝統的な家では屋根に瓦を使っています。

Traditional Japanese houses use tiles for the roof.

セキュリティなどの面から、マンションが人気です。

Condominiums are popular because they are safer.

＊condominium ＝ マンション。mansionだと「豪邸」を意味します。

日本では親と同居する夫婦もいます。

In Japan, some couples live with their parents.

一軒家もマンションも、日差しをとり込める南向きが好まれます。

Both houses and condominiums that face south to get some sunshine are preferred.

くつろいでくださいね。

Make yourself at home.

＊来客への定番フレーズ。

おさらい
中学英語

「スリッパ」の説明フレーズ

スリッパは洋風に思えますが、実は日本の文化。戸惑う外国人もいます。

このスリッパをお履きください。
You can wear these slippers.

スリッパは履かなくてもいいですよ。
It's okay not to wear slippers.

たたみの部屋ではスリッパを脱ぎます。
We take off our slippers when we enter *tatami* rooms.

4章
日本の**伝統文化**について聞かれたら

Q48

着物は着ないのですか?
Don't you wear a *kimono*?

Track 31
P.96-97

着物は英語でもそのまま*kimono*と表現しますが、アクセントの位置は日本語と違って「キモノ」と「モ」を強く言います。英語での説明時にはそれも意識すると通じやすいでしょう。

日常的にはあまり着ることがありません。

We don't often wear *kimonos* on a daily basis.

*on a daily basis ＝ 日常的に

パーティーなど特別な機会にだけ着る人が増えています。

More and more people only wear *kimonos* to parties and other special occasions.

お正月や成人式などで着る人が多いです。

People often wear *kimonos* during the New Year and at coming-of-age ceremonies.

*coming-of-age ceremony ＝ 成人式

着つけがむずかしく、気軽に着られません。

***Kimonos* are hard to put on and not that comfortable.**

*ここでの comfortable は「快適な」ではなく、「簡単にできる」という意味。

最近は着物を好む若者もいます。

Some young people like wearing *kimonos* lately.

着物を着て歌舞伎観劇に出かけるのは楽しいものです。

Wearing a *kimono* to see a *kabuki* performance is fun.

古着屋で買った着物を着て楽しむ人もたくさんいます。

A lot of people enjoy wearing *kimonos* purchased at second-hand shops.

オンラインのレンタル着物も人気になっています。

Online *kimono* rentals are also gaining popularity.

4章

日本の伝統文化について聞かれたら

おさらい
中学英語

〈動詞+ing〉の動名詞

wearing a *kimono*（着物を着ること）のように、「～すること」は動詞のing形（動名詞）で表すことができます。名詞の役割を果たすので、主語や動詞の目的語として使うことができます。

カフェで読書をすることは私の習慣です。
Reading books at the coffee shop is my routine.

Q49

日本の伝統行事を教えてください。

Could you tell me about Japan's traditional events?

Track 32
P.98-99

日本古来の行事(traditional / historical events)は外国人には魅力がいっぱいに思えるようです。代表的な行事は簡単な説明ができるといいですね。

ひな祭りには、ひな人形を飾ります。

People set up displays of decorative *Hina* dolls for Doll's Day.

＊「ひな祭り」は Girl's Day ともいいます。

邪気(邪鬼)を払うために豆まきをします。

Beans are thrown to drive away evil spirits.

＊evil spirit ＝ 悪霊、厄

日本の伝統行事に関する語句

正月 ▸ the New Year 　　鏡餅 ▸ round rice-cake for New Year
花見 ▸ cherry blossom viewing 　　こどもの日 ▸ Children's Day
七夕 ▸ the star festival 　　お月見 ▸ moon viewing
大掃除 ▸ general winter cleaning 　　大みそか ▸ New Year's Eve
除夜の鐘 ▸ bells ringing out the old year

節分には年の数だけ豆を食べます。

On *Setsubun*, the traditional last day of winter, people eat the same amount of beans as their age.

豆をまきながら、「鬼は外！ 福はうち！」と叫びます。悪運は出ていけ、幸福は来い、という意味です。

While people throw beans, they shout, *"Oni wa soto! Fuku wa uchi!"* It means "Out with the evil! In with the good!"

月見の時期に団子やススキを飾る家もあります。

Some households display *dango* sweets and pampas grass during the moon viewing season.

*household ＝ 家庭　（Japanese）pampas grass ＝ ススキ

お彼岸には、家族そろって祖先のお墓参りをします。

During the spring and autumn equinox, families get together and visit their ancestors' graves.

*the spring and autumn equinox ＝（春と秋の）お彼岸

Q50

お正月休みはどのように過ごしますか？

How do people spend the New Year's holiday?

Track 33
P.100-101

欧米ではせいぜい1月1日に休む程度で、新年はそう重視されません。日本独自の年末年始の風習は興味の的です。

年末には大掃除をします。

People do major cleaning at the end of the year.

お寺で除夜の鐘をつきます。

At temples, the bells are rung.

玄関にしめ縄や門松を飾ってお正月を迎えます。

People welcome the New Year by displaying *shimenawa* and *kadomatsu* decorations in their entranceway.

大量の年賀状がやりとりされます。

A large number of New Year's cards are exchanged.

長寿を願って年越しそばを食べます。

People eat *toshikoshi soba* noodles to wish for a long life.

年が明けると初詣へ出かけます。

Once the New Year has begun, people visit a shrine or temple for the first prayer of the year.

大人は子どもたちにお年玉をあげます。

Adults give *otoshidama* money to children.

小さな封筒にお金を入れて渡します。

We put the money in small envelopes.

〔"Happy New Year! "のあいさつに注意

おさらい
中学英語

"Happy New Year!"というあいさつは、通常、いっしょに年を越している相手に言うフレーズです。年が明けてだいぶ経ってから会った人に使うのは、実は不自然。その場合、Did you enjoy your winter holiday?（冬休みは楽しみましたか?）、How was your New Year's holiday?（お正月休みはいかがでしたか?）などと言うのが適しています。

Q51

日本の大きなお祭りはなんですか?

What are the main festivals in Japan?

Track 34
P.102-103

日本のお祭りは観光客にも人気で、それらを目的に来日する人たちも。「お祭りムード」は英語でもそのままfestive moodといいます。

夏には全国各地で盆踊りが行われます。

Bon-odori festivals take place all over Japan in the summer.

*take place = 行われる

浴衣を着て出かける人もいます。

Some people wear yukata, a kind of summer kimono, when they go out.

日本の三大祭りは、京都の祇園祭、大阪の天神祭、東京の神田祭です。

The Gion Festival in Kyoto, Tenjin Festival in Osaka and Kanda Festival in Tokyo are the three major festivals in Japan.

もっと話すなら…

青森のねぶた祭では、大きな灯籠が町中を練り歩きます。

During Aomori's Nebuta Festival, giant lanterns are paraded through the streets.

東京の隅田川の花火大会はテレビで中継されるほど有名です。

Tokyo's Sumida River Fireworks Festival is so famous that it's broadcasted live on TV.

慰霊のためにこのお祭りが始まったといわれています。

People say the festival started to console the spirits of the dead.

＊console ＝ ～を慰める

食べ物やおもちゃなどの出店も出てにぎやかです。

Stalls selling things like food and toys create a lively atmosphere.

＊stall ＝ 出店

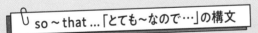

おさらい
中学英語

so ～ that ... 「とても～なので…」の構文

上の「隅田川の花火大会は～」の文は直訳では、「東京の隅田川の花火大会は
とても有名なので、テレビで中継されます」となります。ここで使われているso ～
that ...は「とても～なので…」という構文で、説明フレーズにも便利に使えます。

雨がとても強かったので、出かけるのをやめました。
It was raining so hard that I stopped going out.

Q52

結婚式はどんなふうですか?

What are weddings like?

Track 35
P.104-105

欧米ではご祝儀という慣習はなく、新郎新婦がほしいものリスト(bridal/wedding registry)を作成し、そのリストにあるものをプレゼントするのが一般的です。

最近では、伝統的なものからカジュアルなものまでさまざまなバリエーションがあります。

Recently there are many variations, from traditional ones to casual ones.

人前で結婚の誓いを立てる「人前式」で行う人もいます。

Some people have ceremonies where they exchange vows in front of guests.

*exchange vows = 誓いを交わす/立てる

神社で結婚式を挙げる人も増えています。

A lot of people are starting to hold weddings at shrines.

披露宴はホテルやレストランなどで行われます。

The reception is held at a hotel or a restaurant.

披露宴に呼ばれたら、ご祝儀を渡します。

If you're invited to the reception, you should bring gift money.

披露宴をしないで、ささやかに2次会だけを行うカップルもいます。

Some couples have a simple after-party instead of a reception.

*instead of 〜 = 〜の代わりに

ハワイなどで行う海外挙式も人気があります。

Destination weddings in places like Hawaii are also popular.

カップルによって結婚式のスタイルはさまざまです。

Wedding styles vary depending on the couple.

*vary = 異なる、多様である　depending on 〜 = 〜によって

結婚式のお祝いの言葉

英語での結婚の祝辞には定番フレーズがあり、代表格は以下のようなものになります。

Congratulations on your wedding!（結婚おめでとう！）
Cheers to a long and happy marriage!（末長い幸せに乾杯！）
I'm so happy for you both!（おふたりのことがとてもうれしいです！）

Q53

国旗や国歌について教えてください。

Tell me about your national flag and anthem.

Track 36
P.106-107 国旗（national flag）や国歌（national anthem）は国の象徴として、海外では特に重要視されています。日の丸や「君が代」について聞かれたとき、答えられますか?

日本の国旗は日の丸と呼ばれます。

Japan's flag is called *Hinomaru*.

赤い丸は太陽を表しています。

The red circle represents the sun.

白地は純潔や清らかさを表すとされています。

People say the white background represents purity and cleanliness.

国歌は「君が代」というタイトルです。

The national anthem is called *Kimigayo.*

「君が代」は平安時代に作られた和歌が元になっています。

***Kimigayo* was based on a *waka* poem from the Heian period.**

*period ＝ 時代　例) Warring States period（戦国時代）、Edo period（江戸時代）

もっと話すなら…

「君が代」はゆっくりしたリズムでおごそかな感じです。

Kimigayo feels solemn because it has a slow rhythm.

＊solemn ＝ 厳粛な、重々しい

国民の祝日には、玄関先に日の丸を掲揚する伝統がありましたが、今は減りつつあります。

On national holidays, we traditionally hang the national flag near the entrance of our home, but few people do it now.

日本は昔から「日出ずる国」と呼ばれてきました。

Japan has been called the "Land of the Rising Sun" for a long time.

受動態を使いこなそう

おさらい
中学英語

左ページのJapan's flag is called *Hinomaru*.のように、「〜される」「〜されている」は〈be動詞＋過去分詞〉の受動態(受け身)で表します。過去分詞の多くは過去形と同じですが、「知っている」know-knew(過去形)-known(過去分詞)、「見る」see-saw(過去形)-seen(過去分詞)のように不規則に変化するものがあるので、基本動詞をおさらいしておきたいもの。

ミッキーマウスは世界中の多くの人から愛されています。
Mickey Mouse is loved by many people around the world.

その本は村上春樹によって書かれました。
The book was written by Haruki Murakami.

Q54

人気のある歴史上の人物は?

What historical figures are popular?

Track 37
P.108-109

歴史上の人物(historical figures)について聞かれたら、特徴や活躍した時代について簡単に話せるといいですね。歴史上の人物名は、英語でも名字→下の名前の順番でOKです。

豊臣秀吉という武将は人気があります。

Toyotomi Hideyoshi is a popular historical military commander.

好奇心が強く、度胸のある織田信長も人気です。

Oda Nobunaga is also popular for his curiosity and courage.

明治維新の際に活躍した坂本龍馬が人気です。

Sakamoto Ryoma, who was active in the Meiji Restoration, is popular.

*Meiji Restoration = 明治維新

平安時代の優雅な文化を好む歴史好きもいます。

There are history buffs who like the elegant culture of the Heian period.

*buff = マニア、熱狂的なファン

日本人は明治維新の歴史が大好きです。

Japanese people love the history of the Meiji Restoration.

多くのドラマ、映画、小説の題材になっています。

It's the subject of a lot of dramas, movies and novels.

*be the subject of 〜 = 〜の題材になる

弥生時代の食について学ぶのが好きな歴史好きもいます。

Some people enjoy studying about the food from the Yayoi period.

日本の女王だった卑弥呼は謎めいていて人気があります。

Himiko was a queen in Japan and is popular because she's mysterious.

4章

日本の伝統文化について聞かれたら

関係代名詞whoで人物を具体的に

おさらい
中学英語

左ページの坂本龍馬の文のように、直前の名詞について説明を加えるwhoは関係代名詞のひとつ。「どんな人かというと」という意味を表すつなぎの役割を果たし、歴史上の人物の説明などにも便利です。たとえば以下は、「マリは友人です」という文に、「(マリは)大阪出身です」という説明を加えた文になっています。

マリは大阪出身の友人です。
Mari is my friend who comes from Osaka.

Q55

この漢字はどういう意味ですか?

What does this *kanji* mean?

Track **38**
P.110-111

アルファベットなどに比べて複雑なつくりの漢字は、意味がわからなくても神秘的に思えたり、魅力的に見えたりするようです。身のまわりの漢字の意味を伝えられるといいですね。

この漢字は「やさしい」という意味です。

This *kanji* means "gentle."

漢字は一文字でいろいろな意味があります。

Each *kanji* contains various meanings.

通常1つの漢字には、2通り以上の読み方があります。

Each *kanji* usually has two or more readings.

日本語の漢字数は約5万字といわれています。

It's said that there are about 50,000 *kanji* in Japanese.

日常生活でよく使われるものは2000字程度です。

About 2,000 of them are used in everyday life.

この漢字は、「きんし（禁止）」と読みます。してはいけないという意味です。

This *kanji* is read as "*kinshi*." It means you must not do something.

これは「魚へん」といい、魚の名前によく使われます。　※該当の漢字を指して。

This is called the "fish radical"; it's often used in the names of fish.

※radical ＝（漢字の）部首

日本の小学生は6年間で約1000字習います。

Japanese elementary school students learn about 1,000 *kanji* in six years.

ひらがなとカタカナは日本でつくられたものです。

Hiragana and *katakana* characters were developed in Japan.

おさらい
中学英語

名前の漢字について教えよう

名前に使われている漢字の意味を教えてあげたり、相手の名前に漢字をあてはめて書いてあげたりすると、喜ぶ外国人が多いでしょう。

私の名前の漢字は、「美しい花」という意味です。
The *kanji* of my name mean "beautiful flower."

あなたの名前を漢字で書いてみますね。
Let me try to write your name in *kanji*.

Q56

あなたは折り紙が折れますか？

Can you do *origami*?

Track 39
P.112-113

折り紙は海外でもよく知られている日本の伝統文化のひとつ
で、*origami*のままで通じます。愛好団体が世界各国にある
ほど、折り紙は人気があります。

はい、いろいろ折れますよ。

Yes, I can make lots of different things.

鶴なら折れます。

I can make a crane.

残念ながら、何も折れません。

Unfortunately I can't make anything.

本を見れば折れると思います。

I think I can make some if I look at a book.

簡単なものであれば折れます。

I can make it if it's simple.

もっと話すなら…

できるかわかりませんが、やってみましょう。

I don't know if I can, but let's give it a try.

＊give it a try ＝ 試しにやってみる

子どものころはいろいろ折っていました。

When I was a child, I used to make various designs.

大人になって折り方を忘れてしまいました。

I forgot how to make it when I got older.

病気やケガをした人のお見舞いに、千羽鶴を折ったりします。

We make 1,000 paper cranes as a gift for those who are ill or injured.

＊be injured ＝ ケガをした

4章

日本の伝統文化について聞かれたら

折り紙に関する語句

折り方の説明に使う基本の折り紙用語や、人気の作品名を英語で言えると◎。

折る ▸ fold　　折り目をつける ▸ crease
山折り ▸ mountain fold　　谷折り ▸ valley fold
開く ▸ unfold　　平らにする ▸ flatten
手裏剣 ▸ *shuriken* throwing star　　だまし船 ▸ trick boat

Q57

どんな文化体験ができますか?

What kind of cultural experiences are there?

Track **40**
P.114-115

観光だけでなく、伝統的なものや日本独自の物作りなど、さまざまな文化体験 (cultural experiences) も大人気。それらを目的に来日する観光客もいます。

茶道や華道などの体験ができます。

You can try activities like tea ceremony or flower arrangement.

浴衣を着て街を歩いたりできます。

You can wear *yukata* and walk around town.

日本のお祭りに参加できるツアーもあります。

There are tours where you can join Japanese festivals.

「1日忍者」になりきるプランが人気です。

The *ninja*-for-a-day plan is popular.

食品サンプル作りは楽しいですよ。

Making food samples is lots of fun.

空手や弓道などのスポーツ体験ができます。

You can try Japanese sports like *karate* or *kyudo* archery.

陶芸は根強い人気があります。

Pottery has a deep-rooted popularity.

作った陶芸作品は持ち帰ることができます。

You can take home the pottery you make yourself.

寿司やそばなどの和食を作ることができます。

You can try making Japanese foods like *sushi* or *soba* noodles.

英語的な表現「後置修飾」

おさらい
中学英語

上のフレーズthe pottery <u>you make yourself</u>（あなたが作った陶芸作品）のように、形容詞の役割を果たす語句（下線部分）によって後ろから名詞の説明を加えることを「後置修飾（こうちしゅうしょく）」といいます。こなれた英語表現になるので、ぜひマスターしたいもの。

a PC <u>broken by my sister</u>（妹に壊されたパソコン）
a temple <u>built in the 1970s</u>（1970年代に建てられた寺）

日本のコレを3フレーズで解説

外国人から聞かれがちな日本のこれらについて、説明できますか?
それぞれ3フレーズだけでも、こんなふうに解説できます。

※P.116〜118のフレーズは音声に含まれません。

忍者 Ninja

1. *Ninjas* were secret spies in Japan.
忍者は日本の密偵でした。

＊spiesはspy（スパイ）の複数形。

2. They were very good at sneaking and hiding.
彼らはこっそり動いたり隠れたりすることにとても優れていました。

＊sneak = こっそり動く、忍び寄る

3. They used special weapons like *shuriken* and swords.
手裏剣や刀などの特殊な武器を使っていました。

茶道 Tea Ceremony

1. Tea ceremony is a traditional Japanese cultural activity.
茶道は日本の伝統的な文化活動です。

2. *Matcha* tea is prepared and served in a ritualized manner.
抹茶は儀式的な方法で点てられ、出されます。

＊ritualized = 儀式化された

3. Japanese sweets are served with *matcha* tea.
抹茶とともに和菓子が出されます。

短い文に
区切ると
答えやすい！

 相撲 *Sumo*

1. *Sumo* is a traditional Japanese sport.

相撲は日本の伝統的なスポーツです。

2. Two wrestlers try to force each other out of a circular ring.

二人の力士が円形の土俵から相手を押し出すことを目指します。

3. *Sumo* wrestlers are very large and strong, and they wear traditional clothing.

力士は非常に大きく強く、伝統的な衣装を着用します。

 歌舞伎 *Kabuki*

1. *Kabuki* is a traditional form of Japanese theater.

歌舞伎は日本の伝統的な演劇形式です。

2. It's characterized by its elaborate costumes, makeup, and stylized movements.

華やかな衣装、化粧、様式化された動きが特徴です。

＊be characterized by 〜 ＝ 〜によって特徴化される　elaborate ＝ 手の込んだ
　stylized ＝ 型にはまった、様式化された

3. *Kabuki* plays often tell stories of historical events, love affairs, and revenge.

歌舞伎の演目は、歴史的な出来事、恋愛、復讐などを題材にしたものが多いです。

見た目、特徴、
歴史などを
短めに！

 書道 *Shodo*

1. Japanese calligraphy is called *shodo* in Japanese.

日本のカリグラフィーは、日本語で「書道」といいます。

2. *Kanji* characters are written in an expressive way using a brush and ink.

筆と墨を使って、漢字を表現力のある方法で書きます。

3. *Shodo* is a traditional Japanese art form that has been practiced for centuries.

何世紀にもわたって行われてきた日本の伝統的な芸術形式です。

＊practice = ～を実践する、行う

 日本酒 *Sake*

1. *Sake* is a type of alcoholic beverage made from fermented rice.

日本酒は米を発酵させて作られるアルコール飲料です。

＊fermented = 発酵させた

2. It's considered to be Japan's national drink, and is often served in small cups called *ochoko*.

日本を代表する飲み物とされ、おちょこと呼ばれる小さな器で飲むことが多いです。

＊be considered to be ～ = ～とみなされる

3. *Sake* has a variety of flavors, from sweet to dry, and can be enjoyed hot or cold.

甘口から辛口までさまざまな味があり、温めても冷やしても楽しめます。

5章

日本の**食事**について説明しよう

和洋中からB級グルメ、各種スイーツまで、
日本ではなんでもおいしいと観光客にも大人気。
どんな料理なのか、どんな味なのか、
人気の食は、など説明できますか?

[YouTubeでも音声が聞ける]
・この章の音声がまとまった音声動画です。
・QRコードが読みとれない場合は下記URLへ。
https://youtu.be/Nv3kB-ndPe8
※音声についてはP.18参照。

日本独自のルールや マナーを英語で伝えよう

日本人にはおなじみだけど

I didn't order this one.

これは頼んでいません

It is the "otoshi" (appetizer). Its fee is like a seat charge.

それは「お通し」です。
その料金は席料のようなものです

"otoshi"

I didn't order!

私は頼んでない！

う〜ん

どう言えば
納得してくれる？

イライラ！

日本独自の慣習に戸惑う観光客も

日本人にとっては当たり前の慣習も、海外ではなじみのないことも多くあります。たとえば、左のマンガに出てくる「お通し」は日本独自の文化で、注文していないものを出してお金をとろうとする「ぼったくり」ではないかと観光客が怒ってしまうケースも。このように、特に食文化については日本特有のことがいろいろあるので、簡単でも説明できると、相手が異文化を楽しむ助けになるでしょう。

似た内容に置き換えて説明してみる

英語には「お通し」にズバリ該当する単語はないので、「前菜」を意味する appetizer を使って説明するといいでしょう。たとえば、This is like a small appetizer which is served after you are seated. Its cost is included in the cover charge.（これは席についてすぐ出される前菜のようなものです。料金はテーブルチャージの中に含まれています）といった説明だとわかりやすいでしょう。このように、**該当する英語がない場合、相手の国にある似たものを考えてみて、It's like ～（～のようなものです）と置き換えて説明すると、イメージがわきやすくなります。**

この章で使いやすい英文3パターン

日本の食や伝統などについて話すときの頻出パターンです。
It'sはIt's sweet.（甘いです）のように、味の表現にも使います（P.138 ～ 139参照）。

＜説明する＞ It's ～（これは～です）
It's a traditional Japanese New Year's dish.
（これは日本のお正月の伝統的な料理です）

＜注意する＞ Try not to ～（～しないようにしましょう）
Try not to enter the house with your shoes on.
（靴のまま家に入らないようにしましょう）

＜意向を尋ねる＞ Would you like to ～?（～してみますか?）
Would you like to try something new?
（食べたことがないものに挑戦してみますか?）

Q58

ふだん食べている和食はなんですか？

What Japanese foods do you usually eat?

Track 41
P.122-123

和食（Japanese food/cuisine）は究極のヘルシーフードとして有名で、日本人の長生きの秘訣の大きな要因として海外からも関心を持たれています。

焼き魚とごはんとみそ汁です。

We usually eat grilled fish, rice and *miso* soup.

鶏の唐揚げや豚の生姜焼きは定番のおかずです。

Fried chicken and ginger pork are common side dishes.

冬はおでんや鍋料理を食べます。

In winter, we eat *oden* and hot pot dishes.

私は肉じゃがという肉とじゃがいものシチューが大好きです。

I really like *nikujaga*, a meat and potato stew.

もっと話すなら…

みそ汁は「おふくろの味」です。

Miso soup tastes like mom's cooking.

「和食」はユネスコ無形文化遺産に登録されています。

Japanese cuisine is listed as a UNESCO Intangible Cultural Heritage.

ヘルシーで見た目もいい和食は世界中で人気があります。

Japanese food is popular around the world because it's healthy and looks nice.

深い味わいを出すために、かつおぶしや昆布などを使います。

Bonito flakes and *kombu* seaweed are used to give food a rich flavor.

*bonito flakes ＝ かつおぶし

5章

日本の**食事**について説明しよう

日本食に関する語句

身近な日本食の名前、どのぐらい言えますか？

親子丼 ▶chicken and egg rice bowl
牛丼 ▶beef rice bowl　　焼きそば ▶fried noodles
海老フライ ▶fried prawn　　とんかつ ▶pork cutlet
焼き鳥 ▶chicken skewer　*skewer ＝ 串
豚汁 ▶*miso* soup with pork and vegetables
漬物 ▶pickled vegetables　　梅干し ▶pickled plums

日本人が好きな食べ物はなんですか?

What kind of food do Japanese people like?

Track 42
P.124-125
和食以外にもさまざまな料理が楽しめる日本には、旅の目的 (purpose of the trip)が食という観光客もたくさん来ます。

私はラーメンが大好物です。

My favorite food is *ramen.*

焼き肉をおすすめします。

I recommend *yakiniku*.

*yakinikuで通じない場合はgrilled beefかJapanese barbecueでも。

私はタイ料理をよく食べます。

I often eat Thai food.

カレーは大人にも子どもにも人気です。

Curry is popular with both children and adults.

若者には韓国料理がとても人気です。

Korean food is super popular among young people.

日本ではさまざまな料理が楽しめます。

You can enjoy a wide variety of dishes in Japan.

スイーツの人気店には常に行列ができています。

There are always long lines in front of the popular sweets shops.

このところ人気のふわふわのかき氷をぜひ食べてみてください。

You should try the fluffy shaved ice that has been popular lately.

日本のカレーはインドのカレーを日本人向けにアレンジしたものです。

Japanese-style curry is Indian curry arranged for the Japanese taste.

食事のときのあいさつを教える

おさらい 中学英語

外国人は「いただきます」や「ごちそうさま」と言う習慣がありません。
意味を聞かれたら、こんなふうに簡単に説明できます。

日本ではごはんの前に「いただきます」と言います。
We say "*Itadaki-masu*" before we eat.

食べ終わったときには「ごちそうさま」と言います。
We say "*Gochiso-sama*" when we finish eating.

どちらも「食事をありがとう」という意味です。
Both mean "Thanks for the food."

Q60

おはしはどのように使いますか?

How do you use chopsticks?

Track 43
P.126-127

おはしに慣れていなくて四苦八苦する人には、使い方を説明してあげられると◎。ただ、欧米人でもふだんからおはしを使っている人はいるので、押しつけにならないよう注意!

こんなふうに持ちます。

You hold them like this.

*hold = 〜を持つ

1本は人差し指と中指の先ではさみます。

Keep one chopstick between the tips of your index and middle fingers.

*index finger = 人差し指　middle finger = 中指

上のはしを上下させて、食べ物をはさみます。

Move the top chopstick up and down to grab the food.

もう少し上を持つといいですよ。

If you hold them further up, it's easier.

いいですね、その調子です。できるようになりましたね。

Yeah, just like that. You got it.

おはしを置くときは、このはし置きにはし先を置きます。

Put your chopsticks down with the tips on the chopstick holder.

おはしは食べ物に突き刺さないようにしましょう。

Try not to poke your food with your chopsticks.

*poke = ～を突き刺す

おはしはお土産としても人気です。

Chopsticks are popular souvenirs.

おはしについての質問

おさらい
中学英語

おはしの使い方が上手な外国人を見るとつい、You're good at using chopsticks.（おはしを持つのが上手ですね）などと言ってしまうかもしれません。でも、欧米でもおはしを日常的に使っている人はいて、ほめ言葉のつもりが特に喜ばれず、相手が苦笑いするといったケースもあります。そんなときは、When did you first use chopsticks?（おはしはいつから使い始めたんですか?）といった質問のほうがいいでしょう。

Q61

寿司はどうやって食べたらいいですか?

Could you tell me how to eat *sushi*?

Track 44
P.128-129

回転寿司（conveyor belt *sushi*）は観光客にも大人気。寿司は知っていても食べるのは初めてという人には、こんな説明を。

寿司は手で食べても大丈夫です。

You can eat *sushi* with your hands.

ごはんとネタは分けずに食べます。

We don't separate the rice from the topping when we eat it.

ネタにしょうゆをつけるといいですよ。

You can put soy sauce on the topping.

わさびを抜いてもらうこともできますよ。

You can ask them not to put *wasabi* on it.

一口か二口で食べるといいですよ。

You can eat it in one or two bites.

ガリは口直しにいただきます。

The ginger is to refresh your palate.

*palate ＝ 口蓋（口の中）、味覚

回転寿司では、一度取ったお皿は戻すことはできません。

You can't put a plate back once you've taken it at conveyor belt *sushi*.

回転寿司では、変わったネタも楽しめます。

You can enjoy *sushi* with unique toppings at conveyor belt *sushi*.

自分の食べたいものを注文することもできます。

You can also order anything you want.

お茶はおかわり自由です。

You can have as much tea as you want.

料理の材料に関する語句

砂糖 ▶ sugar　　塩 ▶ salt　　酢 ▶ vinegar　　こしょう ▶ pepper
しょうゆ ▶ soy sauce　　バター ▶ butter
ケチャップ ▶ ketchup　　マヨネーズ ▶ mayonnaise
おろしニンニク ▶ grated garlic　*grated ＝ すりおろした

＊みそ（*miso*）、（料理）酒（*sake*）などは日本語のままで通じます。

Q62

そばの上手な食べ方は?

What's the best way to eat *soba*?

Track 45
P.130-131

日本そばを初めて食べる人にとっては、おちょこやざる、そば湯入れなども含め、なじみのないものだらけです。どう使うのか実演しつつ、レクチャーを。

上のほうから少しずつとって食べます。

Start eating from the top and don't take too much at one time.

このつゆに麺をつけます。

Dip the noodles in this dipping sauce.

つけすぎに注意してくださいね。

Try not to put too much sauce on the noodles.

薬味はお好みで入れましょう。

Add the condiments you like.

＊condiment ＝ 調味料、薬味

大根おろしはお好みでつゆの中に入れます。

You can add grated *daikon* radish to the dipping sauce if you prefer.

麺はすすって食べてもいいです。

It's no problem if you slurp your noodles.

*slurp ＝ 〜をすする

そば湯はそばをゆでたときの汁です。

***Sobayu* is the stock that the *soba* was boiled in.**

つゆを割って飲みます。

Add some to the dipping sauce when you drink it.

5章

日本の**食事**について説明しよう

食べやすくする配慮のフレーズ

おさらい
中学英語

音を立てずに食べるのがマナーの国からの観光客の中には、すすることに抵抗感がある人がいます。食べやすいようこんなフォローも。

無理にすすらなくてもいいですよ。
You don't have to slurp if you don't want to.

小さいお椀をもらいましょう。
Let's ask for a small bowl.

別のものを注文しましょうか？
Would you like to order something different?

Q63

この料理はなんですか?

What's this dish?

Track 46
P.132-133

お好み焼きや茶碗蒸し、たい焼きなど、外国人にとって、見た目ではどんな料理かわかりにくいものも。材料(ingredient)や作り方(recipe)など、説明できると盛り上がります。

これはお好み焼きといって、日本のパンケーキのようなものです。

This is *okonomiyaki*. It's like a Japanese-style pancake.

野菜や肉などを生地に入れていっしょに焼きます。

The batter is fried with meat and vegetables inside.

*batter = 生地(粉に水や卵を混ぜ合わせたもの)

これは漬物と呼ばれる日本風ピクルスです。

These are Japanese pickles called *tsukemono*.

これは茶碗蒸しといって、卵とだし汁に具材が入ったものです。

This is called *chawanmushi*. It has various ingredients in egg and broth.

*broth = だし汁

あんこは小豆を砂糖と煮たペースト状のものです。

***Anko* is sweet bean paste made by boiling red beans and sugar.**

和菓子によく使われます。

It's used in a lot of Japanese confectionery.

＊confectionery ＝ お菓子類

たい焼きの中にはあんこが入っています。

***Taiyaki* contains sweet bean paste.**

おでんは鍋料理のひとつです。だし汁にたくさんの材料を入れ、長時間煮込んで味をしみ込ませます。

***Oden* is a kind of pot dish. Many ingredients are boiled for a long time in soup stock.**

＊soup stockはbrothより長時間煮込むこっくりしたイメージの「だし」。

いろいろな和菓子を英語で表現

おしるこ ▶ sweet bean soup　　**ようかん** ▶ sweet bean jelly
どら焼き ▶ sweet bean paste pancake
団子 ▶ Japanese rice dumpling
まんじゅう ▶ sweet bean paste-filled bun
もなか ▶ sweet bean paste-filled wafer

Q64

どんな食べ物が名物ですか?

What's the local specialty here?

Track 47
P.134-135 その土地ならではの名物は local specialty といいます。郷土料理や特産品、名物料理という意味です。

うな丼が名物です。

Eel rice bowl is a local specialty.

このあたりは「瓦そば」が有名です。

This area is famous for *kawara soba*.

ここは魚がとても新鮮です。

The fish here is really fresh.

甘いずんだ餅が名物のスイーツです。

Sweet *zunda mochi* is a local specialty.

このあたりはラーメンが人気です。

The *ramen* around here is popular.

郷土料理を出してくれるお店があります。

There are restaurants that serve local cuisine.

山菜料理がこの地方の定番です。

A wild vegetable dish is the specialty of this region.

ふぐの産地なので、ふぐ料理が新鮮でおいしいですよ。

They catch a lot of blowfish here, so it's really fresh and delicious.

ちゃんこ鍋はお相撲さんの食べ物として有名です。

***Chanko-nabe* is famous as the food that *sumo* wrestlers eat.**

東京ではもんじゃ焼きが有名です。

***Monjayaki* is famous in Tokyo.**

「～で有名です」で名物を紹介

おさらい
中学英語

名物などを紹介するときに、~ is famous for … （～は…で有名です）は便利なフレーズです。 forのあとには、名詞もしくは動名詞（動詞のIng形）が続きます。

日本は清潔なことで有名です。
Japan is famous for being clean.

Q65

食事のおいしいレストランはどこですか?

Where's a restaurant with good gourmet food?

Track 48
P.136-137

地元の人のおすすめを直接知りたいという旅行者も。イチ押し（top recommendation）のお店を教えてあげましょう。

旭屋というお店がおすすめです。

I recommend a restaurant called *Asahiya*.

手打ちそばがとてもおいしいお店です。

They have gourmet homemade *soba* noodles.

パンがおいしいお店ならわかるのですが。

I know a shop with delicious bread.

居酒屋ではジャンルを問わない料理を提供しています。

***Izakayas* offer a wide variety of dishes.**

ごめんなさい、わかりません。

I'm sorry, I don't know.

Q66

ラーメンにはどんなものがありますか?

What kind of *ramen* is there?

日本のラーメンは英語でも *ramen* で通じます。来日していろんなお店を食べ歩きするほどラーメンが大好きな外国人も少なくありません。

スープの味には、しょうゆ、とんこつ、みそがあります。

There are soy sauce, pork bone and *miso*-based soups.

しょうゆ味は日本ではいちばん一般的なラーメンです。

Soy sauce is the most common type of *ramen* in Japan.

ラーメンの人気店には常に行列ができています。

There are always long lines in front of the popular *ramen* shops.

ラーメンに関する語句

麺 ▸ noodles　　つゆ ▸ soup　　替え玉 ▸ extra noodles
トッピング具材 ▸ toppings　　チャーシュー ▸ roasted pork fillet
メンマ ▸ seasoned bamboo shoots　　海苔 ▸ seaweed

Q67

これはどんな味ですか?

What does this taste like?

Track 49
P.138-139

海外の人には、日本の料理で味の想像がつかないものもあります。tasteは「味」という意味で、flavorは「風味」も含まれます。It's 〜で、味のイメージを伝えてみましょう。

甘いです。
It's sweet.

カレーのような味です。
It tastes like curry.

さっぱりした味です。
It has a refreshing taste.

コクがあっておいしいですよ。
It's rich and delicious.

複雑な風味です。
It has a complex flavor.

この鶏肉はジューシーで風味豊かです。

This chicken is juicy and flavorful.

和風のだしの味です。

It tastes like Japanese-style broth.

クセになる味です。

It has an addictive taste.

変わった味ですが、私は好きです。

It has an unusual taste, but I like it.

辛い料理を試してみますか?

Would you like to try some spicy food?

いろいろな味を表す語句

苦い ▶ bitter　すっぱい ▶ sour　しょっぱい ▶ salty
辛い ▶ spicy　激辛の ▶ super hot　フルーティな ▶ fruity
クリーミーな ▶ creamy　なめらかな ▶ smooth　軽い ▶ light
こってりした ▶ heavy　さっぱりした ▶ refreshing
まろやかな ▶ mild　コクがある ▶ rich

Q68

ベジタリアン用の食事はありますか?

Do they have a vegetarian menu?

Track 50
P.140-141 外国人に多い菜食主義者はvegetarian。シーフード、卵、牛乳なども口にしない完全菜食主義者はveganといいます。

はい、あると思います。

Yes, I think so.

申し訳ございませんが、ありません。 ※店員の回答として。

I'm sorry, but we don't.

ベジタリアンとヴィーガンに対応しています。

They cater to vegetarians and vegans.

*cater to 〜 = 〜に提供する、応じる

このお店はグルテンフリーにも対応しています。

This restaurant also has gluten-free food.

ハラル食のメニューもあると思います。

I think it also has a halal menu.

*ハラル食は、豚肉などを除いたイスラム教徒向けの食事。

もっと話すなら…

ベジタリアンメニューは予約しないといけないようです。

I think you have to reserve the vegetarian menu.

ベジタリアンメニューのあるレストランをネットで探してみましょう。

Let's check online for restaurants with vegetarian options.

アレルギー対応のメニューもあります。 ※店員の回答として。

We have a menu for people with allergies.

このお店のパンは卵と小麦粉を使っていません。

This store's bread doesn't contain eggs or wheat flour.

*contain ＝ 〜を含む

「どちらも〜ない」にはorを使う

> おさらい
> 中学英語

2つのものについて「どちらも〜ない」という否定表現のときは、andではなくorを使います。

魚も甲殻類も好きではありません。
I don't like fish or shellfish.

彼女は猫も犬も飼っていません。
She doesn't have cats or dogs.

Q69

おすすめの日本のフルーツはなんですか?

Which Japanese fruits do you recommend?

日本のフルーツはその繊細なおいしさで外国人にも大人気。カタカナではフルーツと常に複数形ですが、果物を食べ物の種類の一つとして考える場合はfruitになり、sはつきません。

桃や梨がおすすめです。

I recommend peaches and pears.

夏はスイカがおいしいです。

Watermelon is delicious in summer.

シャインマスカットや巨峰などのぶどうは人気があります。

Grape varieties such as shine muscat and *kyoho* are popular.

柿は秋によく食べられます。

Persimmons are usually eaten in the autumn.

果物狩りを楽しめる観光農園もたくさんあります。

You can enjoy picking your own fruit at many farms.

Q70

お土産に向いているお菓子はなんですか?

What sweets are good for souvenirs?

日本のお菓子(Japanese snacks)は安くておいしいと、お土産に大人気です。
種類が多くて迷ってしまうという人もいます。

※お菓子については、P.51も参照。

抹茶味のお菓子は人気があります。

Matcha-flavored sweets are popular.

せんべいは日もちします。

Senbei crackers keep for a long time.

いろんな味があるポッキーはお土産にピッタリです。

Pocky comes in a lot of flavors, so it's great for souvenirs.

*come in＋種類／色／サイズ ＝ 〜の種類／色／サイズで売られる

おさらい中学英語

2つの文をつないで結果を表すso

上の文のように、接続詞のsoは2つの文をつないでいます。soのあとには結果を表す文が来て、「AなのでB」というフレーズになります。通常、soの前にはカンマがつきます。

寝坊したので遅刻してしまいました。
I overslept, so I was late for school.

一生懸命勉強したので、彼はテストでいい点を取りました。
He studied hard, so he got a good score in the exam.

丁寧に&やんわり言い換える

日本人の英語はネイティブにどう受けとられているのか気になるもの。よく使う表現も、こんなふうに言い換えると印象がアップします。

I don't know. （知らない）

I'm not sure. （ちょっとわかりません）

何かを聞かれて答えがわからないとき、I don't know. だと「知らないよ」とちょっとつっけんどんな印象を与えかねません。この場合は、I'm not sure. のほうが、ソフトな印象でおすすめです。

Why did you come to Japan? （なんで日本に来たの？）

What brought you to Japan? （日本に来たきっかけは？）
How come you're in Japan? （どうして日本に来たのですか？）

why は「なぜ？」とストレートに尋ねるときに使うので、初対面の相手などに使うと「なんで日本にいるの？」と責められているように感じる人もいるかもしれません。What brought you to Japan? だとやわらかい言い方になります。How come you're in Japan? もフレンドリーなニュアンスです。

Don't take pictures here. （ここで写真を撮ってはいけません）

You're not allowed to take pictures here.
（ここでの写真撮影は禁止されているようです）

Maybe we shouldn't take pictures here.
（おそらくここでは写真は撮れないようです）

Don't 〜は「〜してはいけません」ときつめの注意のニュアンスで、もし観光客に対して使うなら、危険が迫っている緊急時ぐらいでしょう。You're not allowed to〜であれば「〜することは許されない」のように、規則によってだめなんだという言い方になります。Maybe we shouldn't 〜のように we とすると自分も含めて NG だということが伝わります。

6章

日本や日本人を
もっと
知ってもらう

日本人には普通でも、
観光客からするとフシギに思えたり、
興味津々に見えたりすることもあります。
意外な質問も、楽しんで答えられるといいですね！

[YouTube でも音声が聞ける]
・この章の音声がまとまった音声動画です。
・QRコードが読みとれない場合は下記URLへ。
https://youtu.be/SUdKUIL926A
※音声については P.18 参照。

自分や日本のことを
ほめられたらどう答える?

そんな大げさな…

欧米はほめる文化

欧米では、初対面の人や、お店などで居合わせただけの相手でも、いいと思うことを積極的にほめる習慣があります。たとえば、エレベーターに乗り合わせた知らない相手に、I like your hairstyle.（髪形すてきですね）や、Where did you get those shoes?（その靴はどこで買ったのですか?）などと気軽に話しかけます。観光客の場合は、日本や日本人が好きという気持ちを伝えたくて、ほめ言葉をかけてくる場合もあります。そういった場合は謙遜しすぎずに、軽くお礼を返すのが自然です。

うれしい気持ちを伝える

まずは笑顔で感謝の気持ちを伝えましょう。Thank you./Thanks.（ありがとう）というひと言でもいいですし、I'm glad you like it.（気に入ってくれてうれしいです）のような回答もいいでしょう。また、I like your ~ , too.（あなたの~もいいですね）、I love your dress.（その服すてきですね）などとほめ返すと、相手もいい気持ちになれますね。**シンプルでもポジティブなやりとりができると、英語コミュニケーションはより楽しいものになるはずです。**

6章

日本や日本人をもっと知ってもらう

この章で使いやすい英文3パターン

日本や日本人を紹介するときの頻出パターンです。
自分の考えや理由などを伝える際にも使い回せます。

<考えを伝える> I think ~（~だと思います）
I think it depends on the region.（それは地域によって違うと思います）

<説明する> People say ~（~といわれます）
People say Vietnam is the best country to visit.
（ベトナムは旅先として最高の国だといわれます）
＊直訳では「人々は~といいます」で、一般的によくいわれることの説明に便利。

<理由を説明する> It's because ~（それは~だからです）※P.57も参照
It's because June is the rainy season in Japan.
（なぜなら日本では6月は梅雨だからです）

Q71

どうして自動販売機がこんなに多いのですか?

Why are there so many vending machines?

Track 52
P.148-149

日本はほかの国と比べて自販機(vending machine)が多いといわれ、多彩な種類に驚く観光客も。購入代金のお金が入った状態で無防備に置かれていることへの驚きも聞かれます。

使う人が多いからです。

It's because many people use them.

治安がよく、盗難などの可能性が低いためといわれています。

People say it's because Japan is safe and the possibility of theft is low.

*possibility of theft = 盗難の可能性

飲み物以外の自販機もたくさんあります。

There are lots of other vending machines besides those that sell drinks.

*besides = 〜以外の、〜に加えて

駅の自販機ではお菓子が買えます。

You can buy snacks at vending machines in stations.

都市では花などのギフトが自販機で買えます。

You can buy gifts like flowers at vending machines in the city.

自販機のおしるこも人気です。

Sweet bean soup from vending machines is also popular.

災害支援型の自販機もあります。

There are vending machines that provide disaster support.

大規模災害などの発生時に無償で製品を提供するものです。

They offer free items in the case of a large-scale disaster.

thatで具体的な説明ができる

おさらい
中学英語

上の vending machines that provide disaster support は、「災害支援を提供する自販機」と、that 以下の部分で「自販機」を説明しています。このように、名詞のあとに that+V（動詞）＋O（目的語）が続く形もあれば、下の文のように that+S（主語）＋V（動詞）が続く形もあり、直前の名詞をくわしく説明することができます。こういった後置修飾の形は英語ならではですが、慣れると説明が加えやすく便利です。

この写真は祖母が撮ったものです。
This is a photo that my grandma took.

Q72

トイレがきれいなのはどうしてですか?

Why are the toilets so clean?

Track 53
P.150-151

日本のトイレの清潔さは海外でも有名です。toiletはアメリカでは「便器」というニュアンス。公共のトイレという意味での「お手洗い」はrestroomsのほうが適しています(P.50も参照)。

トイレ掃除が頻繁に行われるからです。

It's because the toilets are cleaned frequently.

みんなできれいに使おうという意識が高いからです。

It's because everyone knows it's important to keep them clean.

自動洗浄便座など、多くの機能で工夫されています。

They have devised many functions such as automatic cleaning toilet seats.

*devise = ~を考案する、工夫する

脱臭機能がついているトイレもあります。

There are also toilets with deodorizers.

使用中に、流水音をセンサーで流してくれる機器が内蔵されているトイレも多いです。

Many toilets have a built-in sensor that plays the sound of running water while you use them.

レバーを触らずにセンサーで自動的に水が流れるトイレもあります。

On some toilets, you don't have to pull a lever and they just flush automatically with a sensor.

便座を除菌するスプレーが設置されているトイレも増えました。

The number of toilets with disinfectant spray for the toilet seat has increased.

＊disinfectant ＝ 消毒／殺菌／除菌用の

おさらい
中学英語

「～する間に」という副詞節を導くwhile

上の文中のwhile you use them（それを使っている間）のwhileは「～する間に」という接続詞で、そのあとに続く動作や状態が継続している期間を表します。whileのあとの文がフレーズ内で副詞のような役割を果たすので、その部分は「副詞節」と呼ばれます（下の文の下線部）。if（もし～なら）やbecause（～だから）、when（～のとき）なども同じ働きをします。

公園を散歩しているときに、ジョシュに会った。
I met Josh while I was walking in the park.

Q73

最近、SNSでは何が人気ですか?

What's popular on social media these days?

Track **54**
P.152-153
国によって人気のコンテンツは違うようです。よく見ているアカウントや動画(video)などを見せながら紹介し合うと盛り上がります。 ※SNS表現についてはP.83～85も参照。

猫などの動物の動画は人気があります。

Videos of animals like cats are popular.

赤ちゃんのほっこり動画に癒されています。

Cute videos of babies always make me feel better.

レシピの投稿も多くの人が見ています。

Many people check out recipe posts.

有名人のライフスタイルはみんな興味があります。

Everyone is interested in the lifestyles of famous people.

同じ振り付けのダンスをいろんな人が踊ったりしています。

Many people do the same dances.

ライフハックを紹介する動画が人気です。

Videos that introduce lifehacks are popular.

*lifehack ＝ ライフハック（暮らしに役立つちょっとした知恵、裏ワザ）

新しいお店の情報をSNSで得る人もいます。

Some people get information about new stores from social media.

旅先の写真を共有する人もいます。

Some people share photos of their trips.

ライブ配信機能を使って配信する人がたくさんいます。

Many people use livestreaming to broadcast.

SNSに関する語句

インスタグラム ▶ Instagram	X（旧ツイッター）▶ X（Twitter）
フェイスブック ▶ Facebook	ユーチューブ ▶ YouTube
ティックトック ▶ TikTok	ライン ▶ LINE

SNS ▶ social media ＊英語では SNS とはいいません。

投稿する ▶ post	フォローする ▶ follow
フォローを外す ▶ unfollow	ブロックする ▶ block
インフルエンサー ▶ influencer	フォロワー ▶ follower

日本人に人気のアニメはなんですか？

What animes are popular with Japanese people?

Track 55
P.154-155

本来「アニメ」はアニメーション（animation）を略したものですが、animeで日本のアニメを指すようになりました。動画配信などを通じ、アニメは世界中でますます人気になっています。

『ワンピース』は男女問わず多くのファンがいます。

***One Piece* has many male and female fans.**

『呪術廻戦』や『鬼滅の刃』が人気です。

***Jujutsu Kaisen* and *Kimetsu no Yaiba* are popular.**

『ドラゴンボール』は世代を超えて人気があります。

***Dragon Ball*'s popularity has crossed over generations.**

『ドラえもん』は不朽の名作です。

***Doraemon* is a classic masterpiece.**

宮崎駿のファンはたくさんいます。

There are lots of Hayao Miyazaki fans.

Q75

アニメグッズはどこで買えますか?

Where can I buy anime goods?

東京では、アニメグッズを買い求める観光客の姿もよく見られます。アニメやマンガに憧れて日本を訪れる人は昔から多く、アニメの聖地巡礼のために来日する観光客もいるほどです。

秋葉原にはアニメグッズのお店がたくさんあります。

There are lots of anime goods stores in Akihabara.

原宿のキデイランドでも買えますよ。

You can buy them at the Kiddy Land store in Harajuku too.

アニメイトはアニメグッズの専門店です。

Animate is a store that specializes in anime goods.

*specialize in ～ = ～を専門に扱う

ゲームセンターにはアニメキャラの景品がたくさんあります。

Game centers have lots of anime character goods as prizes.

Q76

日本で人気のある有名人は誰ですか?

What celebrities are popular in Japan?

Track 56
P.156-157 日本語で「セレブ」というとお金持ちというイメージですが、英語のcelebrityはスターや有名人のことを指します。

BTSのファンは日本にもたくさんいます。

There are lots of BTS fans in Japan.

トム・クルーズは今でも人気があります。

Tom Cruise is still popular.

大谷翔平は国民的スターです。

Shohei Ohtani is a national star.

YOASOBIは若者から絶大な支持を得ています。

YOASOBI is huge with young people.

*huge ＝ 大人気の

ヒカキンのようなユーチューバーも根強い人気があります。

YouTubers like HIKAKIN also have a strong following.

イチローは野球界のレジェンドです。

Ichiro is a legend in the baseball world.

サザンオールスターズは長年日本人に愛されているバンドです。

Southern All Stars has been a beloved band in Japan for many years.

海外セレブに興味津々の人たちもいます。

Some people are extremely interested in overseas celebrities.

SNSでゴシップを追いかける人もいます。

Some people chase after gossip on social media.

おさらい
中学英語

have/has been+名詞/形容詞の現在完了形

P.75、78でも、動作や状態が続いていることを表す現在完了について触れましたが、〈have/has been+名詞〉も「ずっと〜だ」という意味になります。上のサザンオールスターズの文でいうと、a beloved band（愛されているバンド）が名詞部分にあたります。また、〈have/has been+形容詞〉で、以下のようにも使えます（sick=「病気の」という形容詞）。

妻は昨日からずっと具合が悪い。
My wife has been sick since yesterday.

Q77

どうして電車がこんなに正確なんですか?

Why are the trains always on time?

Track 57
P.158-159

電車の遅れが普通の国から来た観光客にとって、日本の鉄道の正確な運行は驚異的のよう。Why ~?は「どうして~なのですか?」と、驚きを伴った質問としてもよく使われます。

鉄道会社の努力のおかげです。

It's due to the efforts of the railroad companies.

*due to ~ = ~によって

運転士は高度な運転技術を持っています。

The train drivers are highly skilled.

*highly skilled = 技能に優れた、熟練の

鉄道会社は緻密なダイヤを作成し、それを厳守しています。

Railway companies create accurate train schedules and strictly adhere to them.

*accurate = 緻密な　adhere to ~ = ~を厳守する

2~3分の遅れでひどく腹を立てる人もいます。

A delay of two or three minutes really irritates some passengers.

*irritate = ~をいら立たせる。直訳では「2~3分の遅れが幾人かの乗客をひどくいら立たせる」。

日本人は静かな人が多いのですか?

Are lots of Japanese people quiet?

海外の人たちには、電車などの公共の場で静かな日本人の様子は見慣れないもの。また、話しかけても避けられたりして、ショックを受けたという話も聞きます。そんな行動をとる日本人の国民性を英語で伝えられますか?

そうともいえます。それは、協調性を重視する文化があるからです。

I guess you could say that. It's because Japanese culture emphasizes cooperation.

初対面の人と話すことに抵抗を感じるシャイな人もいます。

There are shy people who feel hesitant to talk to someone new for the first time.

一見静かでも、実は話し好きな人もたくさんいます。

A lot of people may seem quiet at first, but they're actually very talkative.

6章

日本や日本人をもっと知ってもらう

性格・性質を表す単語

おもしろい ▶ funny　　明るい ▶ cheerful
魅力的な ▶ attractive　　まじめな ▶ serious　　慎重な ▶ careful
親切な ▶ kind　行動的な ▶ active　　性格 ▶ personality

Q79

がまん強い人が多いのはどうしてですか?

Why are so many people patient?

Track 58
P.160-161

震災で被災した日本人の映像を見た海外の人は、そのがまん強さに驚きました。patient（がまん強い）はpatient car（がまん強い車＝よく働いてくれる車）のように人以外にも使えます。

がまん強いことが美徳と考えられています。

People believe that patience is a virtue.

*virtue ＝ 美徳

人に迷惑をかけてはいけないと教わります。

People teach us that we shouldn't cause problems for others.

*cause problems for others ＝ 他人に迷惑をかける

年齢が高い人ほど、がまん強い人が多いです。

Older people are more patient.

がまんが苦手な若者も増えています。

More and more young people are becoming impatient.

取り乱すのは恥ずかしいと思う人もいます。

Some people think it's embarrassing to lose your cool.

*embarrassing ＝ 恥ずかしい　lose one's cool ＝ 冷静さを失う、取り乱す

「石の上にも3年」ということわざがあります。これは、がまんすることの大切さを表しています。

There's a saying that goes, "Sitting three years on a rock will warm the rock." This shows the importance of patience.

*saying ＝ ことわざ

日本の教育が影響しているかもしれません。

It may be the influence of Japan's education method.

助動詞mayとmight

mayは、上の文のように「～かもしれない」という推測と、「～してもよい」という許可を表す助動詞です。 mayの過去形がmightで、これを同じように使うと、推測の場合は可能性がより低く、許可の場合はよりへりくだったニュアンスになります。

It may be cold tomorrow.（明日は冷えるかもしれない）
→It might be cold tomorrow.（明日はもしかすると冷えるかもしれない）

May I come in?（入ってもいいですか？）
→Might I come in?（入らせていただいてよろしいですか？）

Q80

英語を話せる人はどのぐらいいますか?

How many people speak English?

Track 59
P.162-163

日本人が英語を話せるイメージを持つ外国人はあまりいないようですが、流暢(fluent)でなくても、身振り手振りで交流しようとしてくれるのはうれしいといいます。

英語を自由に話せる日本人は10パーセントを切るでしょう。

Less than 10 percent of Japanese people speak English fluently.

英語を学習している人はたくさんいます。

A lot of people study English.

海外の人とコミュニケーションをとりたいという人はたくさんいます。

There are lots of people who want to communicate with people from overseas.

コロナ禍以降、オンライン英会話が人気です。

Online English conversation has become popular since the COVID-19 pandemic.

＊COVID-19 pandemic ＝ コロナ禍

多くの小学校では、ネイティブ講師による英語の授業があります。

A lot of elementary schools have English classes with native English-speaking teachers.

子どもに英会話を習わせたい親は増えています。

More and more parents want their children to learn to speak English.

社内公用語を英語にする会社も出てきました。

Some companies have made English their official language.

日本人はシャイなので、人前で英語を話したがりません。

Japanese people are kind of shy, so they don't like to speak English in public.

数や量を尋ねる疑問文

おさらい
中学英語

「どのくらいの〜」という意味で数を尋ねるときはHow many 〜?という疑問文を使い、量を尋ねるときはHow much 〜?を使います。

何冊の本を持っていますか?
How many books do you have?

どれくらいの時間が必要ですか?
How much time do you need?

6章

日本や日本人をもっと知ってもらう

Q81

日本人は1日何時間働くんですか？

How many hours do Japanese work a day?

Track 60
P.164-165

日本人は働き者 (hard worker) のイメージがありますが、実は勤務時間 (working hours) はほぼ世界の平均にあたるようです。ただ、サービス残業は日本特有と考えられます。

一般的には午前9時から午後5時までの8時間です。

Normally they work eight hours, from 9 a.m. to 5 p.m.

多くの人が残業をします。

Many people work overtime.

上司に気をつかって残業する人もいます。

Some people work overtime because they're worried about what their boss will think.

「お先に失礼します」のあいさつは日本的

日本では退社するとき、あとに残っている人に「お先に失礼します」と声をかけますね。これには「先に帰って申し訳ない」というニュアンスが含まれますが、他国では自分の仕事が終わって帰るのは当たり前なので、こういった感覚はピンと来ず、該当するフレーズもありません。Take care. (じゃあね)、See you. (またね) などと言って、職場をあとにします。

Q82

サラリーマンの平均的な1日は?

What's the average office worker's day like?

「サラリーマン」は和製英語で、英語ではoffice workerといいます。「ビジネスマン」(businessman) は英語でもありますが、businesspersonというニュートラルな表現が昨今は主流です。

9時か9時半から始まる会社が多いです。

Most companies start at 9 a.m.or 9:30 a.m.

12時ごろに昼食をとります。

Everyone has lunch around noon.

*around＋時間 ＝ 〜時ごろに

昼食休憩は、たいてい1時間と決まっています。

Lunch is usually for an hour.

7時半ごろ残業を終えます。

Workers usually finish overtime at around 7:30 p.m.

最近では在宅ワーカーも増えています。

Working from home is increasing recently.

Q83

休暇は年にどれくらいあるんですか?

How many days off do you get a year?

Track 61
P.166-167

day off（days off）は、仕事が休みの日を広く意味します。有給休暇はpaid holiday。また、holidayは「日」単位の休みで、vacationは長い休みです。

年間で120日ほどです。

About 120 days a year.

ほとんどの企業は週休2日制です。

Most companies have two days off a week.

5月にはゴールデンウイークと呼ばれる大型連休があります。

There's a long holiday in May called Golden Week.

＊「連休」はlong holidayやlong weekend（土日と連続する連休の場合）と訳すと伝わりやすい。

忙しすぎて、有給休暇をまともに使うことができません。

I can't really use my paid holidays because I'm too busy.

もっと話すなら…

連休には多くの人が旅行に出かけます。

A lot of people travel during long weekends.

お盆休みには、地元に帰省する人たちで新幹線が混み合います。

During *Obon* holidays, the bullet trains are crowded with people going back home.

同僚や上司に申し訳なくて、自分だけ休みをとれません。

I can't take days off because I feel sorry for my co-workers and boss.

最近では男性でも育休をとりやすくなってきました。

Recently, it has become easier for men to take paternity leave.

*paternity leave ＝ 男性の育児休暇。女性の場合はmaternity leave。

アメリカの主な祝日

New Year's Day　元日 (1月1日)

Memorial Day　戦没将兵追悼記念日 (5月の最終月曜日)

Independence Day　独立記念日 (7月4日)

Labor Day　労働者の日 (9月の第1月曜日)

Thanksgiving Day　感謝祭 (11月の第4木曜日)

Christmas Day　クリスマス (12月25日)

Q84

家賃はどれくらいですか?

How much is rent?

Track 62
P.168-169

日本人の生活水準を知るのに、家賃(rent)を目安に考える人もいます。敷金・礼金など日本独自の賃貸システムに興味を持つ外国人もいるので、単語を押さえておくと◎。

私は月に9万円支払っています。

I pay 90,000 yen a month.

東京の家賃は通常、そのほかの地域に比べて高いです。

Rent in Tokyo is usually high compared to other regions.

敷金と礼金が必要なこともあります。

Some places require deposits and key money.

*deposit ＝ 敷金　key money ＝ 礼金

家賃の安いシェアハウスで暮らす人もいます。

Some people live in shared houses with low rent.

このあたりのワンルームは10万円が相場です。

The average for a one-bedroom apartment around here is about 100,000 yen.

退去時に敷金が戻ることもあります。

Sometimes you can get the deposit back when you leave.

2年契約で、更新するとき家賃1カ月分の更新料が発生します。

You have to renew the contract every two years, and that costs one month's rent.

*renew = 〜を更新する　contract = 契約

家賃とは別に管理費を8000円払っています。

I also pay a management fee of 8,000 yen in addition to the rent.

6章

日本や日本人をもっと知ってもらう

副詞の位置に注意！

おさらい
中学英語

副詞の位置についてはいくつかのルールがあり、そのルールによってどこに入るかが異なってきます。usuallyのような頻度を表す副詞は、①一般動詞の場合はその前に、②be動詞の場合はそのあとに置きます。また、③助動詞があるときは助動詞と動詞の間に置きます。

① I usually leave home at 8:00.（いつも8時に家を出ます）
② The weather is usually nice in California.
（カリフォルニアはたいてい晴天です）
③ I can usually finish my homework before dinner.
（宿題はたいてい夕食前に終えることができます）

Q85

日本人の平均身長はどれくらいですか?

What is the average height for Japanese?

Track **63**
P.170-171

平均身長（average height）が男性180㎝、女性170㎝を超えるオランダなど欧米諸国と比べると小柄な日本人。単位記号のcmはcentimeter、mmはmillimeterの略です。

男性は171センチくらい、女性は158センチくらいです。

It's about 171 cm for men and 158 cm for women.

私は165センチです。

I'm 165 cm tall.

両親ともに、背が高い／平均的／低いです。

Both my parents are tall/average/short.

---

bothの使い方

おさらい
中学英語

bothは2人の人や2つの物について「両方とも」と表す場合に使われる単語です。both A and Bで「AとBの両方」という意味になります。代名詞の所有格（my/your/his/her/ourなど）やthe/these/thoseを使う場合はその直前に置かれます。

彼女は英語もフランス語も話します。
She speaks both English and French.

これらのどちらのTシャツもほしいです。
I'd like to get both these T-shirts.

日本人は多くのほかの国の人たちよりも小柄です。

Japanese people have lower average heights than in many other countries.

日本では180センチある男性なら背が高いほうです。

If a man is over 180 cm, he's on the tall side in Japan.

*be on the ~ side = ~の側／ほうにいる

背の高い女性が好きです。

I like tall women.

食べ物の変化により、体型も変わりつつあります。

With the change in food, people's body shapes are also changing.

60年前の平均身長と比べて男女ともに10センチほど伸びています。

Compared to the average height of 60 years ago, both men and women have grown about 10 cm.

Q86

日本ではどんな人がモテますか?

What kind of people are popular in Japan?

Track 64
P.172-173

popularは「人気がある」という意味ですが「モテる」というニュアンスもあり、attractiveでもOKです。a person with a nice personalityで「性格のいい人」となります。

男女問わず面白い人はモテます。

Interesting people are popular regardless of gender.

*regardless of ～ = ～にかかわらず

やさしい人がモテます。

People with a gentle personality are preferred.

*prefer = ～をより好む。be preferred = 好かれる⇒モテるというニュアンスに。

イケメンは年齢問わず人気があります。

Good-looking men are always preferred at any age.

裏表のない人は好感度が高いです。

People who aren't two-faced are popular.

*two-faced = 二面性のある

よく笑う女性が好きです。

I like women who smile a lot.

料理上手は男女ともにモテます。

Men or women who can cook well are popular.

大人になるにつれて内面が重視されます。

As we get older, we focus more on internal things.

結婚相手の収入を重視する人もいます。

Some people think their partner's income is important.

like/love/prefer（好き）の違い

おさらい
中学英語

like は、何かを「好き」という意味で使われる最も一般的な単語です。興味、楽しみ、または好意を表すために使用できます。

love は、「大好き」「愛してる」のように、like よりも強い感情を表すときに使用されます。それがないと生きていけない、といったニュアンスです。

prefer は、ほかと比較してより好むという意味です。左ページの例文のように「モテる」という文意での使われ方は、「ほかの人たちより好まれる」という比較のニュアンスを含みます。I prefer coffee to tea.（紅茶よりコーヒーが好きです）といった言い方もします。

6章

日本や日本人をもっと知ってもらう

Q87

日本のコンビニは24時間営業なんですか?

Are convenience stores open 24 hours in Japan?

Track 65
P.174-175

日本ではコンビニ＝24時間営業ですが、海外では防犯の観点からそうではない国も。アメリカ発祥の「セブン-イレブン」も名前通り、元は朝7時から夜11時が開店時間でした。

はい、多くのコンビニが24時間営業をしています。

Yes, most convenience stores are open 24 hours a day.

24時間営業で無休のコンビニもあります。

Some convenience stores are open 24 hours a day and never close.

人手不足で24時間営業の店舗は減ってきています。

The number of stores that stay open 24 hours a day is decreasing due to the labor shortages.

＊labor shortage ＝ 人手不足

無人のコンビニも増えると思われます。

I think the number of unstaffed convenience stores will increase.

＊unstaffed ＝ 店員のいない、無人の

標準的なコンビニでは3000種類近い商品が売られています。

At a general convenience store, around 3,000 different items are sold.

コンビニでコピーをとったり、宅配便を送ったりすることもできます。

You can also make photocopies and send packages at convenience stores.

ほとんどの店舗にATMが併設されています。

Most stores have ATMs.

コンビニのコーヒーもおいしいです。

Convenience store coffee is also delicious.

コンビニのおでんもおすすめですよ。

I recommend convenience store *oden*.

> おさらい
> 中学英語
>
> 📎 **I think ～で意見を述べる**
>
> I think ～は「～だと思う」という意味で、左ページの下のように自分の意見を述べる場合の頻出パターン。日本語の「思います」はあいまいなニュアンスですが、英語だとはっきり断言するイメージで使います。
>
> **あなたは正しいと思います。**
> I think you're right.
>
> **2週間ぐらい必要だと思います。**
> I think I'll need about two weeks.

6章

日本や日本人をもっと知ってもらう

似ているフレーズの使い分け

以下はそれぞれ、似ていてもニュアンスが異なるフレーズの例です。類似の表現のニュアンスの違いに敏感になると、英語がもっと楽しくなります！

① Can you speak Japanese?
② Do you speak Japanese?

どちらも「日本語を話しますか？」と問うフレーズですが、Can you ～ ? は「たぶん話せないだろう」「話せる能力はあるの？」のような、懐疑的なニュアンスにもとれます。Do you ～ ? であれば単に話すかどうかを尋ねる無難な言い方になります。

① Are you okay?
② Is everything okay?

①は「大丈夫ですか？」と、特に相手の体調が大丈夫かどうかを尋ねるフレーズになります。「問題ありませんか？」と、物事がスムーズに運んでいるかや、相手が説明を理解できているかなどを聞くときは②を使います。

① What's wrong?
② What's wrong with you?

①は「何か問題ですか？」「困ったことはありますか？」と、相手に問題や心配ごとがないかを尋ねる気遣いの表現です。②は、「いったいどうしたの？」「何が不満なの？」というニュアンスで、相手の様子がおかしいことを指摘したり、批判したりする表現になります。

7章

いざというときに しっかり 伝える!

地震に慣れていない国の人に、
緊急時の対応を伝えられますか?
また、体調をくずしたり、トラブルにあったりした相手を
助けるなど、いざというときの答え方も知っておきたい!

[YouTube でも音声が聞ける]
・この章の音声がまとまった音声動画です。
・QRコードが読みとれない場合は下記URLへ。
https://youtu.be/X-A_O8EDMoc
※音声については P.18 参照。

落ち着いて、
はっきりわかりやすく！

＼ 自分が落ち着かなきゃ ／

緊急事態にも落ち着いた声かけを

災害などの緊急事態に遭遇したら、日本人でもあわててしまいますよね。アナウンスや表示などがわからない観光客は、さらに不安がつのります。「何が起きているの?」と不安なところに、急に大声で Come on!（急げ!）などと言われると恐怖を感じてしまうことがあるかもしれません。手助けするつもりが威圧のように伝わってしまわないよう、いったん冷静になって、最低限のことでいいので落ち着いて伝えるようにしたいものです。

まずは相手を安心させる

まずは Are you okay?（大丈夫ですか?）、Did you get hurt?（ケガはありませんか?）など相手の無事を確認するような声かけが、安心につながります。相手の反応を見て、Let's evacuate together.（いっしょに避難しましょう）、Let me ask help.（助けを呼びましょう）といった言葉を伝えていきましょう。相手が不安そうな場合は、It's gonna be okay.（きっと大丈夫ですよ）といった声かけも親切です。とはいえ、危険が眼前に迫っているときは、Watch out!（気をつけて!）、Stay down!（伏せたままで!）、Behind you!（後ろに気をつけて!）といったひと言で!

この章で使いやすい英文3パターン

いざというときの頻出パターンです。
注意するときや方法を提案するときなどに使えます。

＜注意する＞ Be careful (not) to ～
（～するよう（しないよう）気をつけてください）
Be careful not to step on the glass.
（ガラスを踏まないように気をつけて）

＜提案する＞ How about ～ing?（～するのはどうでしょう?）
How about taking a break in the shade for a while?
（日陰でしばらく休みましょう）

＜不明だと伝える＞ I'm not sure if ～（～かどうかよくわかりません）
I'm not sure if I can walk to the hospital.
（病院まで歩いて行けるかどうかわかりません）

Q88

どこか休む場所はありますか？

Is there somewhere I can take a rest?

Track 66
P.180-181

疲れたり体調をくずしたりした観光客にこう聞かれたら、答えてあげたいですね。take a rest は体をきちんと休めることを意味します。

公園にベンチがあります。

There are benches in the park.

休憩所まで案内します。

I'll show you the way to the rest area.

デパートの中に休憩所があります。

There's a rest area inside the department store.

ロビーにソファーがあるはずです。

There should be some sofas in the lobby.

喫茶店で休むのはどうですか？

How about taking a rest in a cafe?

ちょっとわからないので、ほかの人に聞いてみますね。

I'm not sure, so I'll ask someone else.

体調がすぐれないのですか?

Are you not feeling well?

病院へ行ったほうがいいですか?

Do you need to go to the hospital?

この駅に救護室があるか聞いてみましょう。

I'll ask if there's a first aid room in this station.

探してくるので、ここで待っていてください。

I'll go and check, so please wait here.

7章

いざというときにしっかり伝える!

おさらい
中学英語

SVOOの「第4文型」をチェック

P.67にS（主語）＋V（動詞）＋O（目的語）＋C（補語）の「第5文型」が出て
きますが、目的語のあとに補語ではなく、さらに続けて別の目的語が来る
SVOOの形を第4文型といいます。このときの目的語は「誰に」「何を」に該当
することが多く、たとえばI'll show you the city.（街を案内しますよ）のよう
なフレーズになります。showのほかには、give（あげる）、tell（教える）、buy
（買う）などの動詞が第4文型によく使われます。

Q89

病院はどこですか?

Where's the hospital?

Track 67
P.182-183

ケガなどで「病院へ行く」はgo to the hospitalですが、ち
ょっとした風邪などで行く場合はgo see a doctorが自然な
表現になります。

駅の近くにいくつかありますよ。

There are a couple near the station.

*a couple = いくつか、2〜3個

大きい病院へ行きたいですか?

Do you want to go to a big hospital?

ネットで探してみます。

I'll try looking online.

このあたりにいくつかあると思います。

There are some hospitals in this area.

何科が希望ですか?

What department do you need?

*department = 科、部門

どうしたのですか?

What's the matter?

具合が悪いのですか?

Do you feel sick?

救急車を呼びますか?

Should I call an ambulance?

いっしょに行ったほうがいいですか?

Do you want me to go with you?

わかりません。私も観光客なんです。

I'm not sure about that. I'm just a visitor here myself.

📖 want+人+to=「人に〜してほしい」の表現

> おさらい
> 中学英語

上のフレーズのように、 wantとtoの間にmeやyouなどの「人」を入れることで「(人)に〜してほしい」という意味になります。「〜してほしいですか?」と聞くときはDo you want 人 to 〜 ?になります。 toのあとは動詞の原形になります。

いっしょに来てほしいです。
I want you to come with me.

私に運転してほしいですか?
Do you want me to drive?

Q90

交番に行きたいのですが。

I want to go to a police station.

Track 68
P.184-185 交番があることも、日本の治安のよさの理由のひとつといわれます。交番はそのまま*koban*でも通じます。

交番は公園のそばにあります。

There's a police station near the park.

このすぐ先にあるはずです。

It should be just ahead.

交番までいっしょに行きましょう。

Let's go to the police station together.

何かあったのですか?

Did something happen?

警察を呼びましょうか?

Should I call the police?

誰かに聞いてみましょう。

Let's ask someone else.

このあたりはくわしくないので、ネットで調べてみます。

I'm not from here. Let me check online.

このあたりに交番はないので、警察に電話しましょう。

**There's no police station around here.
Let's call the police.**

事故ですか?

Was there an accident?

ケガをしていませんか?

Are you injured?

事件関連の語句

すり ▶ pickpocket ＊「すりにあう」はbe pickpocketed
万引き ▶ shoplifting 　置き引き ▶ luggage lifting
強盗 ▶ robber 　詐欺 ▶ fraud 　盗まれる ▶ get stolen
盗難届けを（警察に）出す ▶ report a theft（to the police）
交通事故 ▶ traffic accident 　警察官 ▶ police officer

7
章

いざというときにしっかり伝える！

Q91

地震が起きたらどうすればいいですか?

What should I do when there's an earthquake?

Track 69
P.186-187 地震大国として有名な日本。地震について聞かれたとき、防災対策（disaster-prevention measures）のポイントを教えられますか?

パニックにならないこと。

Don't panic.

身を守れる場所を確保しましょう。

Find a safe place.

頭を守って、机の下にもぐりましょう。

Cover your head and get under the table.

火の始末は大切です。

Putting out any small fires is important.

*put out fire ＝ 火を消す

地震がどれくらい大きいのか見定めましょう。

Find out how big the earthquake is.

*find out 〜 ＝ 〜を見極める、判断する

2011年には大きな地震が起きました。

There was a big earthquake in 2011.

地震の予測はむずかしいといわれています。

It's said that it's hard to predict earthquakes.

*predict = ～を予測する

海の近くにいる場合は、高い場所へ避難しましょう。

If you're close to the ocean, evacuate to higher ground.

*evacuate = 避難する

防災グッズがあれば安心ですよ。

It'll give you some peace of mind to have an emergency kit.

*peace of mind = 安心　emergency kit = 防災グッズ

7章

いざというときにしっかり伝える！

It is said that ~で「~といわれている」

おさらい中学英語

一般的な意見を伝えたいときには、It is said that ~と受動態にすることで、発言者を特定せずに、客観性を持たせることができます。people say ~ も同様の表現です（P.147参照）。

ハワイは訪れるのに最高の場所といわれています。
It's said that Hawaii is a great place to visit.

Q92

どこに避難したらいいですか?

Where should I evacuate to?

Track **70**
P.188-189

地震や火事など、いざというとき(in case of emergency) の避難や待機の仕方も、簡単な英語で伝えられるようにしておきたいですね。

まず外に出ましょう。

First, go outside.

高台に逃げましょう。

Evacuate to higher ground.

いっしょに避難しましょう。

Evacuate together.

さらに指示があるまでここにいましょう。

Stay here until you get further instructions.

アナウンスがあるはずです。

There should be an announcement.

揺れがおさまるまで用心しましょう。

Be on alert until the shaking stops.

ほかの人たちといっしょにいましょう。

Stay together with other people.

この先の大きな公園が避難所です。

The big park up ahead is an evacuation area.

ここは危険なので離れましょう。

It's not safe here. We should leave.

お子さんから常に目を離さないようにしてください。

Be careful to keep an eye on your child at all times.

7章

いざというときにしっかり伝える！

防災グッズ関連の語句

防災キット ▶ emergency kit　　懐中電灯 ▶ flashlight
軍手 ▶ cotton work gloves　　ヘルメット ▶ helmet
乾電池 ▶ battery　　ばんそうこう ▶ Band-Aid
ビニール袋 ▶ plastic bag　　飲料水 ▶ water to drink
保存食 ▶ preserved food　　携帯ラジオ ▶ portable radio set
常備薬 ▶ stock medications　　簡易トイレ ▶ portable toilet

別れ際のひと言フレーズ

観光客の質問に答えたり会話を交わしたりしたあと、別れ際のあいさつが出ず、「バイバイ」しか言えなくて心残りだったという声も。シチュエーション別の定番のあいさつをいくつか知っておくと印象アップ！

※P.190〜191のフレーズは音声に含まれません。

丁寧な別れのフレーズ

お会いできて光栄でした。
It was a pleasure meeting you./
It was nice meeting you.

またいつかお会いできるのを楽しみにしています。
I look forward to seeing you someday.

あなたと話せて楽しかったです。
I had a great time talking to you.
＊カジュアルにはNice talking to you!ともいいます。

日本での滞在を楽しんでください！
I hope you have a great time in Japan!

よい一日／夜を過ごしてください。
I hope you have a good day/evening.

…にいる間にぜひ〜（料理名）を食べてみてください！
Be sure to try 〜 while you're in … !

またね。
See you later.

またどこかで会いましょう。
See you around.

またすぐ会えますように！
Hope to see you soon!

お元気で。／気をつけて。
Take care.

お食事を楽しんでください！　※レストランを紹介したあとなどに。
Enjoy your meal!

旅の安全を祈っています。
Safe travels.

気をつけて帰ってください！
Have a safe trip back!

また日本に来てくださいね！
Please come to Japan again!

連絡しますね。　※交流を続ける場合（下も）。
I'll be in touch.

連絡をとり合いましょう！
Keep in touch!

著者

デイビッド・セイン

アメリカ出身。約35年前に来日し、翻訳、通訳、英会話学校経営など、多岐にわたって活躍。英語関連の出版物の企画・編集・制作を手がける(株)エートゥーゼットイングリッシュ、AtoZ英語学校代表。豊富な英語教育経験を生かし、数多くの英語関係書籍を執筆。ベストセラーも多数。近著に『58パターンで1200フレーズペラペラ英会話』(主婦の友社)、『10年ぶりの英語なのに話せた! あてはめて使うだけ 英語の超万能フレーズ78』(アスコム)など。

廣岡アテナ

高校卒業後渡米し、オハイオ州ライオグランデ大学英文学部を卒業。帰国後は英語教育関連の著作に携わる。エートゥーゼットイングリッシュ所属。共著に『英語でブログを書いてみよう』(技術評論社)、『心に響く英語名言集 世界の女性編』(Jリサーチ出版)などがある。

STAFF

ブックデザイン	鈴木悦子(プールグラフィックス)
マンガ・イラスト	高田真弓
校正	伊藤優子　Shelley Hastings(AtoZ English)
音声編集	Bom Gurung(AtoZ English)
音声動画制作	山内純子
音声	Trish Takeda(AtoZ English)　Alex Fraioli　石川 航
DTP	蛭田典子(主婦の友社)
まとめ	BBI
編集担当	松本可絵(主婦の友社)

外国人によくたずねられることは ぜんぶ中学英語で答えられる！

2024年7月31日　第1刷発行

著　者　デイビッド・セイン、廣岡アテナ
発行者　丹羽良治
発行所　株式会社主婦の友社
　　　　〒141-0021　東京都品川区上大崎3-1-1 目黒セントラルスクエア
　　　　電話　03-5280-7537(内容・不良品等のお問い合わせ)
　　　　　　　049-259-1236(販売)
印刷所　大日本印刷株式会社